刀水歴史全書　5

曹操――三国志の真の主人公

曹操像

刀水書房

序　言

従来中国三国時代の歴史は、『三国演義』（『三国志演義』）に関連して話題とされてきた。そのために本書がとりあげようとする曹操よりも、諸葛孔明の方が第一の人気者であった。『三国演義』は、いうまでもなく正史（近代以前の王朝が編纂した公認の歴史書）の『三国志』にもとづいて作られた。しかし両者の大きな違いは、魏・呉・蜀三国のうち、どの王朝を正統な王朝として考えるかにある。正史『三国志』は魏王朝を正統王朝としてあつかい、太祖武帝（曹操）以下、魏王朝の皇帝の本紀を最初におき、それ以外の人々を、呉・蜀の孫権・劉備らをふくめて、すべてひとしく列伝に組みこんでいる。しかし『演義』は、三国以前の漢の皇族の子孫である劉備が建てた蜀の国を、漢の正統を継いだものとみなし、劉備主従および蜀を舞台の中心において物語を構成した。漢の後継者といえば、曹操が漢の最後の献帝を擁して天下に号令し、魏王朝はその献帝から位を譲りうけたのであるから、魏の方が正統だという口実も成り立つ。正史『三国志』はその立場をとる。『三国志』を編纂したのは、晋王朝の臣であった陳寿で、晋は魏から譲りをうけたのであり、その魏は漢から譲りをうけたのであるから、魏を正統とするのは当然なのである。

どちらが正統かという問題は（これを正閏論とよぶのだけれども）、一人の皇帝（天子）が天下を統一し支配すべきだという、中国専制時代の思想にもとづくものである。実際には魏・呉・蜀三国が鼎立したのが歴史の現実である。ただ中国史の発展過程からみると、古代中国文明の中心地は北中国（華北）にあり、三国以前の秦や漢の王朝は、いずれも北中国に本拠をおいて支配した。三国時代になって呉や蜀のような国が生まれるのは、前代以来この地方が開発されてきた結果で、たしかに画期的なことだとはいえるが、三国時代の人々に「中国」とよばれたのは、なお曹操と魏の支配下におかれた北中国であった。

たとえば諸葛孔明は、北方の故郷に帰ろうとする友人の孟公威にむかって、「中国には士大夫多し、遨遊《ごうゆう》するに何ぞ必ずしも故郷ならんや」といったという。中国（曹操の領土）には名士がおおいのだから、そんな処に帰っては、才能を発揮する機会がすくないのではないか、という意見である。孔明自身の心境を語っているようで面白い話であるが、孔明は自分の計画を自由に実現できそうな劉備を選んだ。しかしそこには、名士・士大夫の多い魏に対抗できるかという危うさもあって、実際にそのとおりになった。呉の重臣の周瑜も、曹操の領土を指して「中国」とよんでいる。これらの人々は、北中国が伝統的な中心地であって、呉や蜀はなお辺境であると自認していた。かれらはその辺境の国家に未来を賭《か》けたのであるが、まだ機は熟していなかったのである（蜀は二六三年、魏に亡ぼされ、呉は二八〇年、晋に亡ぼされた）。

三国時代は、漢からつぎの魏晋南北朝にうつる転換期である。この過程の意義は、漢から魏へ、魏から晋へとうつる移行期にあらわれていると考えられる。もし蜀を中心に考えるならば、蜀の国は亡んでしまってその前途はないのであるから、その意義をどのように考えたらよいのであろうか。わが平家物語のように、「盛者必衰《じょうしゃひっすい》の理《ことわり》を顕わす」にすぎないとでもいえようか。そこでは諸葛孔明のごとく、誠実に己が運命をひきうけた人間とか、乱世のなかで人々がどのような生きかたをしたかというような、個人としての人間の心理・行動などが問題にされるであろう。そこでは人間が歴史の発展にたいして、どのような積極的な働きかけをなすことができたかというようなことを、問題にするのは難しいであろう。

しかし『演義』の三国志物語は、封建的な正統王朝論にとらわれているために、劉備・諸葛孔明主従らを正義の人物とし、反対に曹操らを悪役・敵《かたき》役とみなした。『演義』そのものも数百年にわたって読みつがれたが、ことに中国において、なんといっても物語を普及するのに効があったのは、『演義』に題材をとった芝居である。芝居の舞台では、善玉と悪玉とをはっきりと区別する約束事があって、たとえば曹操は、悪役の象徴である白い隈取《くまど》りを塗って登場する。だれがみても憎らしくみえる役なのである。これらによって『演義』の人物観・世界観は、大衆の間にしっかりと根をおろして近年にいたったのである。

日本では江戸時代に、湖南文山の『通俗三国志』がよく読まれたといわれる。第二次大戦後には、吉川英治の『三国志』があらわれて人気を博した。この小説はだいたい『演義』の観点をひきついでいる。私は友人が吉川の書を読んでいて、曹操が憎くて憎くてたまらないというのを聞いて、吉川の書いたものがそんな感じを与えるのかと、あらためて見直したものである。ただわが国では、曹操もそれなりの人物であるという見方が、かなり普及しているかと思う。ことに歴史上では曹操の方が大きな役割をはたしたという考えが、近年一般的になってきているのではないかと思う。

さて新中国になると、歴史上の人物を再評価する機運がおこり、その一環として、曹操もとりあげられることになった。曹操の再評価に先鞭をつけたのは郭沫若である。かれは一九五九年、『蔡文姫《さいぶんき》』という戯曲を執筆し、同時に「蔡文姫の『胡笳十八拍』を談ず」「曹操の名誉回復のために」という文章を書いて、曹操伝の見直しを要求した。

蔡文姫とは本名蔡琰《えん》、後漢末匈奴に捕えられて王族の妃となっていたが、曹操は彼女の文才を惜しんで、匈奴と和睦した際に、郷里に帰還できるようとりはからった。その蔡琰が匈奴王との間に生んだ子に別れるに際して作ったのが、「胡笳《こか》十八拍」であるといわれるが、実際には後世になって蔡琰に仮託された作品であろうというのが、従来のおよその見解であった。しかし郭沫若はこの詩を蔡琰の実作としてたかく評価し、同時にその文名を高めるのに貢献した、曹操の人物を見直そうとしたのである。

郭氏の論点は次の四点に要約できよう。(一)曹操は黄巾起義軍を討ったが、起義軍の運動を継承し、これを組織化した。(二)豪族を抑え、貧弱を救い、屯田を起こして、農民の土地にたいする要求に答えた。(三)侵略軍の烏桓《うがん》を平定して、辺境を安定させた。(四)文学史上画期的な建安文学をおこした。ところがこれらの論点には異論がおおく、甲論乙駁さかんな論戦をひきおこすことになった。幸いなことに、論戦に参加した主要な論文は、『曹操論集』として公刊されているので、論戦の大要を知ることができる。

郭説にたいする反論のなかに、伝統的な反曹感情・反魏感情が残っていなかったとはいいきれないであろう。しかし曹操批判の大勢は、伝統的なものとはちがって、主として黄巾起義軍との関係に集中した。中国の政権を握った中国共産党は、歴代農民起義軍の正統なる後継者と目されているのであるから、曹操が黄巾軍を鎮圧したのは、いかにも具合が悪いのである。曹操が黄巾の農民軍を自分の軍隊に編入したのは事実であるが、それによって農民軍の目的が継承されたとする郭説にたいして、旧農民軍の性格はもはや変質してしまったとか、かれらは王朝交替の道具に利用されたにすぎないとかいう意見も出された。この論争は、農民起義の発展法則とか、起義と王朝との関係とか、

美術館にも同種の絵がある

かならずしも曹操の時代にかぎらない、超時代的な問題に流れていく傾向もあった。

曹操の時代ということになれば、曹操がこの時代のどのような政治勢力を代表するのか、という問題が出されている。それについては全地主階級を代表するとか、地主階級のなかの名門豪族・強宗《きょうそう》豪族を代表するとか、反対に身分の低い豪族や中小地主階級を代表するとか、いろいろな意見が出されていて定説がない。問題は曹操をなんらかの階級の傀儡《かいらい》とみようとするその方法にあるのではないか。私は曹操をもっと独立の人格をもつ個人としてみなければならないと思う。かれはその独立の立場から、さまざまな場合に、さまざまな階層にたいして、さ

文姫帰漢図冊（別名胡笳十八拍図冊の一部，南京博物院蔵）　台北故宮博物院，ボス

まざまな対応をとったであろう。そのようなさまざまな局面のそれぞれに着目するところから、上のようないろいろな意見が出されてくるのではないかと思う。

曹操は「乱世の姦雄」とか「乱世の英雄」とかいわれた。この場合の乱世は、漢から三国時代へ、魏晋南北朝時代へと移行していく過程の乱世である。この時期は古い秩序が崩壊して、新しい秩序が形成されていく過渡期にあたるからこそ、乱世にならざるをえなかったのである。しかもその乱世のなかで、乱世を積極的に克服して、新しい時代を開くべく努力したのが、曹操であったのである。そのいみで、曹操は漢から魏晋南北朝へうつる転換期としての乱世の英雄だといえるであろう。

曹操がまず取り組まなければならなかったのは、眼前の乱世をどう収拾し、安定した秩序を築くかという点であった。すなわち中国に平和と統一をどうもたらすかという問題であった。この点については、曹操は相当の成果をあげたといってよいであろう。中国北部はほとんど統一されたといってよいだろう。しかし呉・蜀等との戦いは、一層きびしくなってくる情勢にあった。曹操の末年には蜀の国境に出兵して、側近の夏侯淵を戦死させ、戦線が膠着したのをみて引きあげたが、曹操はそのころ病気にかかったらしく、洛陽まで戻ってその地で死んだ。だから曹操の遺令《いれい》には、まだ自分の事業が完成しきれなかったという意識がはっきりとみえる。曹操にとっては、それはあきらめきれなかったことであろう。

物事をあきらめずに、どこまでも事業に執着し、追及するというのが曹操の態度であった。かれをオポチュニストとする論者もいるようだが、オポチュニストというのは状況に追随する者の謂であろう。それでは曹操のような業績はあげられまい。たしかに困難な状況のなかでは、臨機応変な処置をとることが求められる。むしろそのようにして、積極的に自己の道をきり開いていったのが曹操であったろう。

曹操がその事業を遂行するためには、いかにして人材を集めるかに関心を集中した。曹操後半生の人才主義の宣言、「唯才を是れ挙げよ」とか、「不仁不孝でも、治国用兵の術があればよい」とかいう言葉は有名であるが、群雄との決戦をくりかえしていた初期にも、荀彧《じゅんいく》・程昱《ていいく》をはじめおおくの人材を獲得した。とくに漢の天子を奉戴したときと、袁紹《えんしょう》を破ったときには、多数の人材が曹操の下に集ったのである。曹操の人材採用の理想は、あの人才主義の宣言がいうとおりであろう。有能な者は階級・出身のいかんを問わず、採用するということであろう。

しかしこの時代は、いわゆる豪族・貴族・門閥の勢力が確立してきた時代である。三国にはじまる魏晋南北朝時代は、貴族政治の時代とか、門閥社会とか、貴族制社会とかいわれている。各地をぎゅうじる大姓・名士の勢力は、曹操も無視できなかった。漢代以来の選挙制度の伝統で、名士たちが郷里から官吏候補者として推薦される習慣がのこっていた。現実的な政治家であった曹操は、このようにして推薦される名士たちの採用法を拒否しなかった。

他方、大姓・名士と曹操政権とのあいだには対立もあった。漢末の宦官勢力とはげしく対決した名士たちが、曹操政権にただちには協力できなかったとしてもやむをえまい。孔融のごときはたえず曹操の悪口を言いつづけて殺されてしまった。しかし曹操政権の統一と強権政治が進むうちに、名士たちのなかにも変化が生じて、曹操の要求にあわせて、政権の官僚となっていこうとする傾向がつよくなった。これが魏晋南北朝の王朝貴族が形成されてくる第一歩になったといってよいであろう。

曹操は税制については、田租・戸調の制度を創始して、その後の王朝の税制に先鞭をつけた。しかし曹操がいちばん重視した人材採用については、新しい選挙制度を定めるまでにいたらなかった。曹操の理想と名士社会の現実とのあいだが、あまりに隔たっていたからである。曹操が死んで、文帝曹丕《そうひ》が立つと、九品官人法《きゅうひんかんじんほう》（九品中正制度）が施行された。それは王朝と名士・貴族とのつながりをつけるという点では、曹操の時代の成果を受けついでいるが、この制度はあくまで名士社会に王朝の基礎をおこうとするもので、その後の魏晋南北朝の門閥貴族形成に大きな役割をはたしたが、曹操の人材採用策の基本である人才主義とは、とおく隔たっていたといわなければならない。

以上のように曹操は過渡期の人物であったが、漢から魏晋南北朝へ移る過渡期のなかにはっきりと位置づけられる業績を残した。漢末の前途もわからぬ混乱のなかでは、その時々の条件に対応しながら、一歩一歩道をきり開いていく必要があった。そして中国の平和と統一をもうすこしで達成するところまでいった。曹操がいなければ魏晋南北朝の時代は開けなかったのであるが、依然平和と統一は完成されたわけではない。その点で曹操がもし統一を達成していたらどうなったかというようなことを考えてしまうのだが、短い一生のなかで、非常な困難をおかしてやりとげることには限界があった。しかし曹操のやったことは、三国時代のどの英雄にもなしとげられなかったことである。

本書では小説『三国演義』の評判にひきずられたような曹操伝を拒否して、史実にのっとった伝記を書きたいと思う。従来もそのような目的で書かれた伝記がないわけではないが、史実の解釈や曹操の心事に立ちいると、筆者の賛成できない点がすくなからずある。それらの点は行論中にのべるが、その是非については読者の判断を仰ぎたい。

刀水歴史全書57　曹操―三国志の真の主人公　目次

曹操——三国志の真の主人公

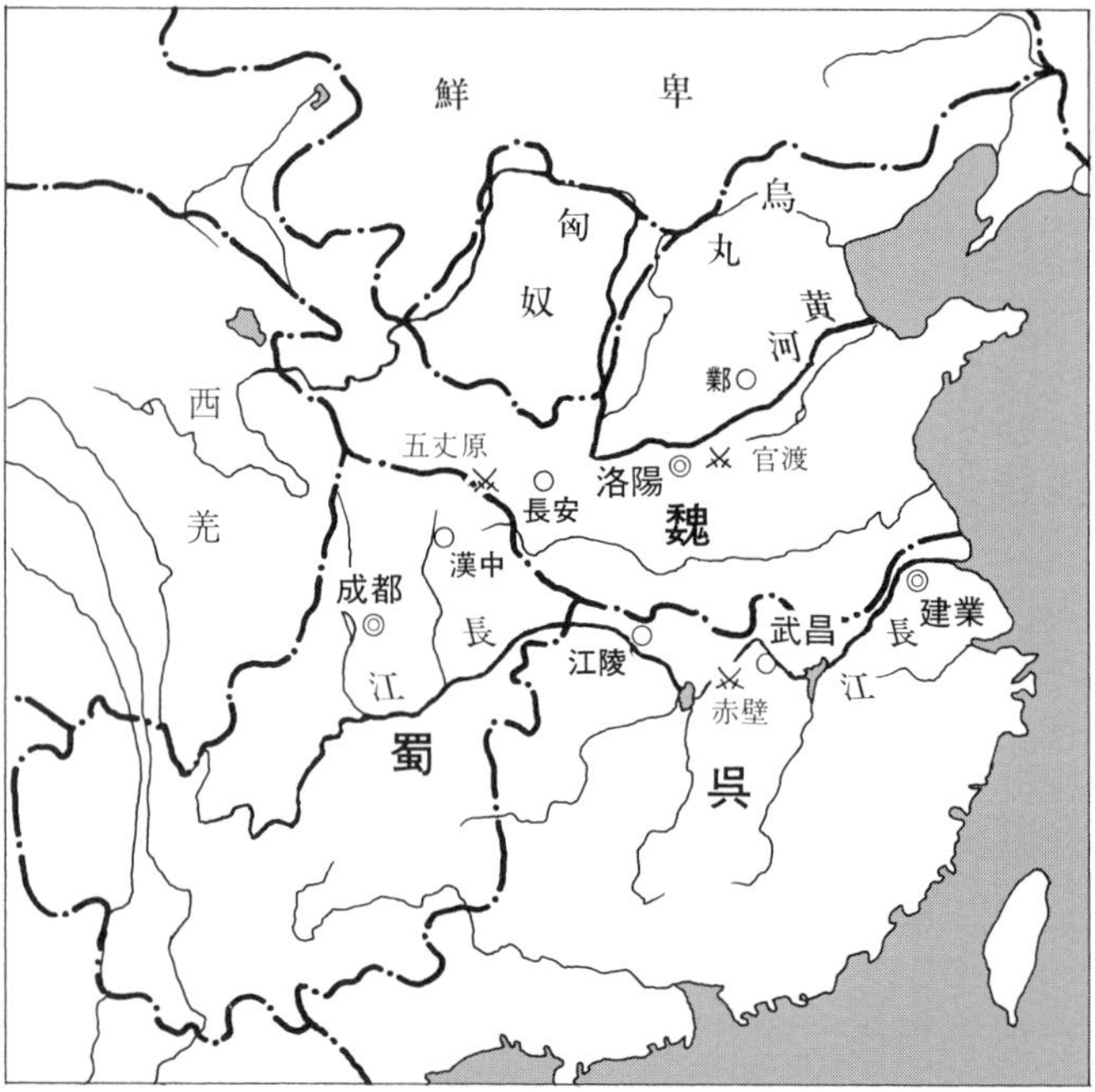

魏呉蜀三国鼎立

一章　曹操の家と生い立ち

董園村二号墓墓室

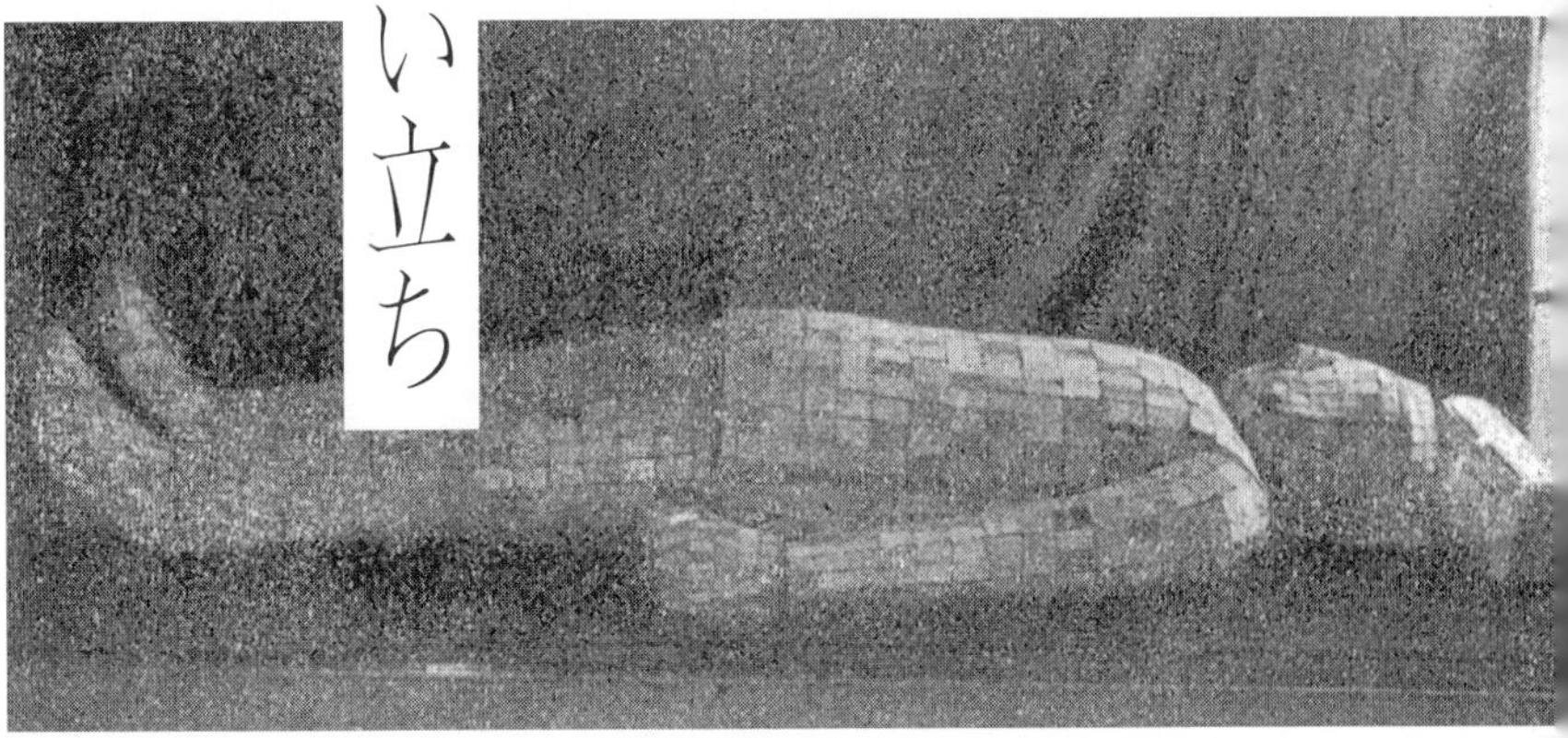

曹操宗族墓（『文物』1978年 8 期）　董園村二号墓銅縷玉衣

1　曹操の家系

『三国志』の魏志武帝紀には、曹操は沛《はい》国譙《しょう》県（現在の安徽省亳《はく》州）の人で、漢の宰相であった曹参の子孫であるとしるされている。しかしこれは、曹操の父曹嵩《すう》が養子となった宦官曹騰《とう》の家柄をしるしたもので、しかも曹騰については、その父の曹節の名しか伝わっていないのである。だから曹参の後というのは疑わしい。曹参は漢の始祖劉邦と同じ沛の人であるから、この地域には曹参にちなんで、曹氏を姓とする家がおおかったのであろう。

宦官曹騰の家

曹節はおそらく田舎の小地主で、家の繁栄をもくろんで、末子の曹騰をいわゆる自宮宦官（宦官は元来刑罰によって発生したが、宦官が権勢をえると、民間人が自ら去勢して宦官になることを志望した。これを後世自宮宦官と称した）に仕立て、宮中に入れたのである。『後漢書』宦者列伝の序文に、「権強に付こうと願う者は、みな身を腐らせ、子を熏《いぶ》して、売り込みをはかった」とあるから、同じような宦官志願者がおおかったらしい。

古代における去勢の方法はよくわからないが、刑罰の名としては宮刑といい、それはまた腐刑ともいわれた。なぜ腐刑といわれるのか、その傷跡が腐臭を放つからだともいい、腐った木が実を生じないように、子孫を残すことができないからだともいう。『漢書』に注を書いた唐の顔師古は、後者の方が正しいというが、かれは唐代の人で宦官に接していたはずだから、経験から腐臭などを発しないと考えていたのであろう。去勢をうけた者を、蚕室《さんしつ》という暗い部屋に入れて、傷の治るのを待つということはわかっている。爊《いぶ》すというのは、傷の治癒を早めるための処置であろうか。治癒まで百日ほどかかるというのは、のちの清代などでも同じであったらしい。

曹騰はそのような宦官志願者の一人であったが、かれは父の期待に違《たが》わず、宦官らのなかでも有力者となり、最後には桓帝の擁立にも参画して、費亭侯《ふっていこう》に封ぜられ、大長秋《だいちょうしゅう》（皇后の側近、侍従長）というほとんど最高の位に昇った。

宦官は子どもができないからといって、宮中で孤立し、一代かぎりで終わってしまうわけではない。曹騰の一族は沛国地域の豪族となり、曹騰の縁で出世する者もでたが、曹騰は曹騰で地位を固めるために養子をとった。それが曹操の父の曹嵩である。

曹氏の系図は、石井仁著『曹操―魏の武帝』等に詳細なものがのっているが、ここでは多少の推測をまじえながら、曹騰から曹操の時代に活動した主要な人物の系図を掲げておこう。曹騰の一族（上図）と曹操の一族（下図）とは重複を避けなかった（重複には＊印を付す）。

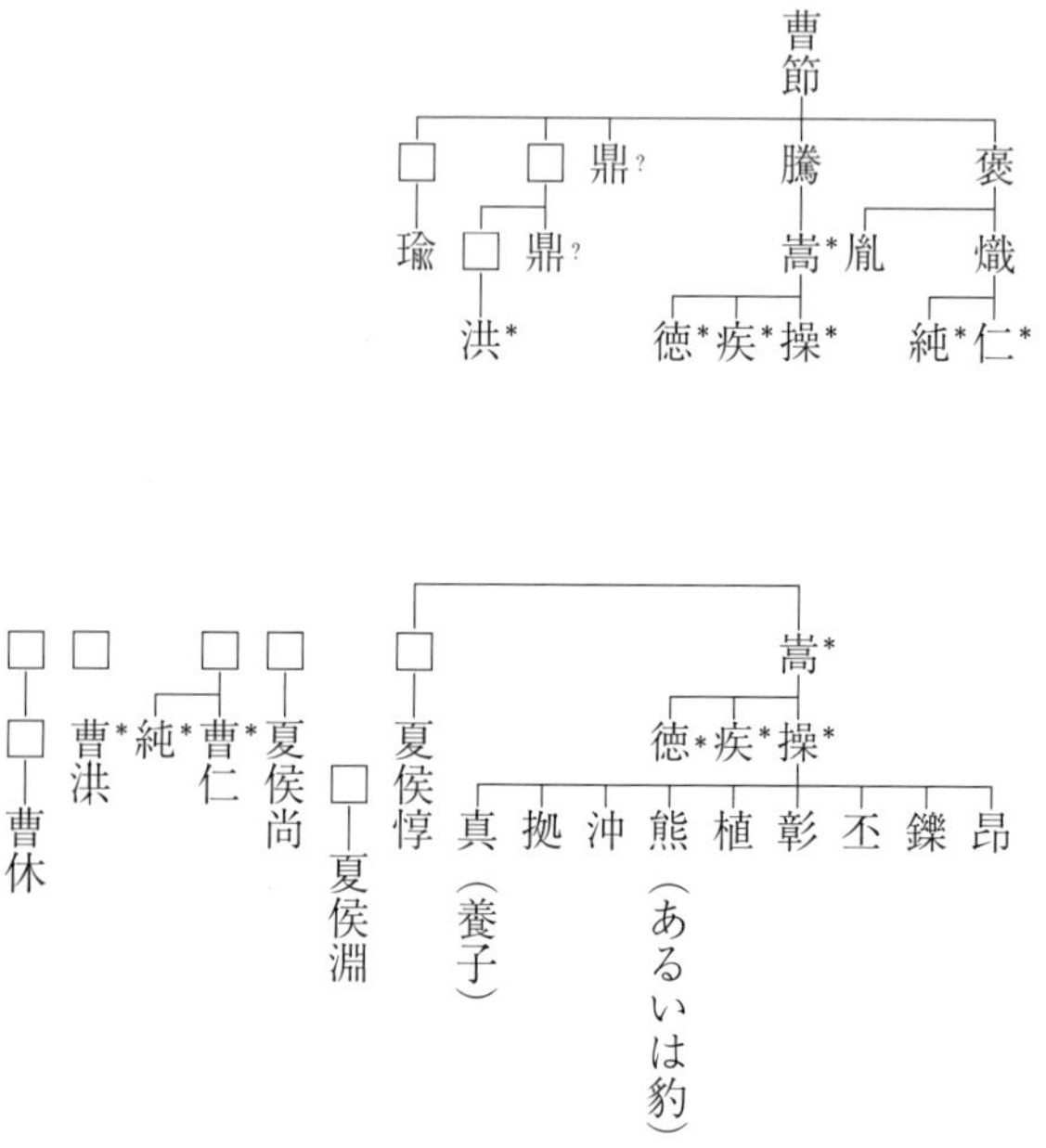

曹騰・曹操一族図

曹騰の兄弟の褒《ほう》は潁川太守《えいせん》（河南潁川郡の長官）、その子の熾《し》は長水校尉（胡騎を率いた宿衛官）、その子の純は数百の「僮僕人客」（奴隷や賓客）をもっていたといわれる。またもう一人の兄弟（あるいは兄弟の子とすべきかもしれない）の鼎《てい》は呉郡太守（江蘇呉郡の長官）・尚書令（元来中央の高官だが、ここでは呉郡太守鼎の地位の高さをしめす単なる肩書）、その甥の洪は寿春県長（安徽寿春県の長官）になったといわれている。

曹氏は地域の豪族として台頭してきているのであるが、反面、乱世のなかで郷里を離れて分散する傾向もあったらしい。曹鼎が呉郡太守になっているのは、かれらの一族が江南に移動していった結果であるらしい。曹休も一族離散の結果江南にいたったというから、あるいは曹鼎の子孫であるかもしれない。

曹操の子は二十五人あったが、右には曹操時代に活動したおもな者だけを挙げておいた。

養子曹嵩の家

曹騰の養子となった嵩は、騰の同郷の夏侯《かこう》氏の出であったらしい。呉人が作った『曹瞞《まん》伝』や、郭頒《かくはん》という人の書いた『世語《せいご》』には、「嵩は夏侯氏の子で、夏侯惇《とん》の叔父である」とるされている。夏侯惇やその族弟（いとこやまたいとこの世代）の夏侯淵の伝記は、魏志巻九に載せられているが、この巻は、曹仁・曹洪（いずれも曹操の族弟）や曹休・曹真（いずれも曹操の族子〈おいやおいのいとこの世代〉だが、後者は実は養子）らとともに、曹操の挙兵に馳せ参じた人々の伝記である。だから夏侯氏と曹氏とは、曹操の時代にも密接な交際があり、そのなかから曹操といっしょに立ち上がった人々がいて、かれらはその後も、曹操の腹心として活動している。魏志巻九は、それらを親族として一括して挙げているのである。

夏侯氏は、劉邦の御者であった夏侯嬰《えい》（やはり沛人）の子孫だとされているが確かでない。ただ夏侯氏も曹氏と同じ沛国の譙の人で、かねてから同郷同士のつながりがあって、かれらのあいだに養父・養子の関係が生まれたとみてよい。しかし同郷同士というだけでは、養子にする意義がすくない。曹嵩は養子となった後も、宦官らに献金し、太尉の高官をえているくらいだから、嵩の家は相当の金持ちであり、それだからこそ宦官曹騰の養子に選ばれたのだと推測してよいだろう。

中国の家族制度では養子は同宗《どうそう》（男系親族）のなかから、子の世代に相当する者を選ぶことになっていたが、異姓養子の制度もはやくからあったらしく、湖北省雲夢《うんぼう》県睡虎地出土の戦国・秦代の法律文書にも、すでに「仮父《かふ》・仮子」（すなわち養父子）の関係があったことがみえている。古代ローマでは、他人同士のあいだに保護者と被保護者との関係が結ばれることがあって、これをパトローヌス・クリエンテスとよんだ。仮父子関係もそれにあたるであろうが、それを家族関係に擬するところに中国的な特徴がみられる。

『後漢書』宦者列伝には、陽嘉《ようか》四（西紀一三五）年の詔が載せられている。

「宦官の養子は、ことごとく後（あとつぎ）と為して、封爵を襲うを得るを聴《ゆる》す。定めて令に著《しる》せ」

「定めて令に著せ」というのは、この詔令がその後も「令」とよばれる法律のなかに組みこまれて、つづけて有効であったことをしめしている。これによって宦官が養子をとることが公認されて、封秩・爵位を世襲できるようになった。曹騰が曹嵩を養子にしたのは、この詔令・法律によったのであろう。そして費亭侯の位は嵩に襲爵されたと考えられる。

清流と濁流

宦官と養子その他の関係をむすんで、宦官とつながりをもった豪族を、今日の歴史家は濁流豪族とよんでいる。後漢末宦官政治の汚濁を批判した人々は、自らを清流（清い家柄）と称して自慢したので、それにたいしてつけられた名前である。九、一〇世紀の交《こう》、唐王朝の末に、朱全忠（唐に代わった後梁王朝の建国者）は名門貴族らを黄河に沈めて、「こいつらはいつも清流といっていばっているから、黄河に投げこんで濁流にしてしまえ」と言ったというが、濁流の語はそんなところからおこったのであろう。

清流豪族と宦官・濁流との対立が、後漢末政局の大勢とされる。大勢としてはそれはまちがいではなかろう。しかし武帝紀注に引かれた司馬彪《ひょう》の『続漢書』の記述によれば、曹騰が推薦した官僚のなかには、清流豪族と目され、のちに党錮《とうこ》（宦官が反対者を弾圧した事件）に連坐した人々までふくまれていた。党錮事件がおこる前のことである。曹騰が人脈をひろげていた様子がうかがえるし、この段階では清流の側でも、宦官との接触をまったく拒否していたわけではなかろう。

2　曹操宗族墓

曹氏宗族墓の発掘

曹氏の勢力拡張をしめすものは、かれらの宗族《そうぞく》（男系親族）墓の存在である。一九七四年から七七年にかけて、亳《はく》県の城南郊外で曹氏の墓五基が発掘された。さらに八二年にも、やはり曹氏に関係するらしい墓一基が発掘された。学者はこれらを曹操宗族墓とよんでいる。

これらの墓のことは、六世紀の地理書『水経注《すいけいちゅう》』にすでに記録がある。そこには曹嵩・「曹騰の兄」（曹褒らしい）・曹熾《し》・曹胤《いん》の冢《つか》四基の存在がしるされ、それぞれに碑が付属していて、騰の兄といわれる墓主は延熹《えんき》九（一六六）年に死んだこと、曹熾と曹胤の墓は熹平《きへい》六（一七七）年に造られたことがあきらかにされている。そのほかに曹嵩の墓より北に、圭碑（上方のとがった碑文）があり、「漢故中常侍・長楽太僕・特進・費亭侯曹君（曹騰）之碑」と題され、延熹三（一六〇）年に建てられたことがしるされているという。また城東には曹操の旧宅があり、かれが議郎のとき職を辞して郷里に帰って、ここに家をつくり、読書・狩猟に明け暮れたことがあり、文帝曹丕《ひ》はここで生まれたとしるされている。

発掘された曹操宗族墓は、元宝坑一号墓・董園《とうえん》村一号墓・董園村二号墓・馬園村二号墓・袁牌《えんぱい》坊村二号墓・曹四孤堆《そうしこたい》付属一号墓であるが、そのうち元宝坑一号墓・董園村一号墓・曹四孤堆付属一号墓からは、字磚《じせん》（文字を刻したレンガ）が多数出て注目されている。

磚上の文字

これらの字磚が発表された当初、李燦《りさん》という学者は、そのなかに、

「倭人、時を以て盟すること有りや否や」

と読める文字があるという説を発表した。これと同時に出た字磚には建寧三（一七〇）年の年号がみえるが、そのころは『後漢書』倭伝にいう「倭国大乱」のときにあたる。そこで倭国の朝貢をうけてきた漢王朝は、倭人とのあいだに盟約をむすんで、乱を終息するよう働きかけたのであろうというのがその説である。そうだとすれば、のちの『魏志倭人伝』にみられる魏と倭との関係の先蹤《せんしょう》がここにみられるわけである。もっともこの読み方には反対もあって、時期的にも倭人がまだ来る時期ではないだろうという大勢論から、この説には賛成者がすくなかったようである。

しかし倭国大乱の時期は、中国でも乱世の兆しがみえてきた時期である。ある字磚には「此の大壁《へき》を作る」としたのちに、次のような文字がみえている。

「倉（蒼）天乃《すなわ》ち死す。当《まさ》に□□すべし」

興味深いのは、これより十四年後の光和七（一八四）年に蜂起した農民たち、いわゆる黄《こう》

巾《きん》軍のスローガンのなかに、「蒼天已《すで》に死し、黄天当《まさ》に立つべし」という語があることである。漢の天命（ここでは蒼色が漢のシンボル）が去り、新しい政権（黄色のシンボルをもつ政権）ができることを予言したものであるが、その語がはやばやと、曹氏の墓の字磚に現れているのである。

「大壁を作る」というのは、乱世をみこして曹氏が防壁を造らせたのであろうが、「倉天乃ち死す、云々」は、そこで働いていた労働者のあいだに節をつけて歌われていて、漢王朝の終焉がだれにでもわかるように予言されており、それがかなり普及していて、のちにそれが黄巾軍のスローガンに採用されるようになったのではないかと推測される。

さて今回発掘された墓の周辺にはさらに多くの墓があり、そのなかにも曹氏の墓があったと思われるから、『水経注』の記事は参考にはなるが、そこにしるされた墓と、今回発掘された墓が一致するとはかぎらない。元宝坑一号墓出土の字磚には、曹氏一族のおおくの名が出るが、冒頭と思われるいくつかの磚に、「会稽曹君、躯《み》を喪《ほろぼ》し」「会稽府君、帷屋《いおく》を弃《す》て離るるを念《おも》い」「会稽明府、早く春秋を棄て、竟世《しょうがい》……せず」等とあるので、墓主は会稽太守（浙江会稽郡の長官）であった曹某であったらしいが、曹氏の一族のだれが会稽太守であったかはわからない。これを曹胤とか曹褒とか推測する説はあるが、断定しないでおきたい。

曹騰・曹嵩の墓

董園村一号墓には、銀縷《る》玉衣・銅縷玉衣の死者が合葬され、同二号墓には、銅縷玉衣の死者が埋葬されている。これらは銀糸・銅糸で玉《ぎょく》の小片を縫いあわせて着物としたもので、埋葬者が貴人であることをしめしている。しかも一号墓出土の字磚には、「曹侯の為に壁を作る」とあって、埋葬者が侯位をもつ人物であったことをしめしている。そうするとこの両墓は、一方が曹騰、一方が曹嵩のものではないかと考えられる。一号墓は夫婦合葬墓であり、二号墓の墓主は単身であることからすれば、一号墓を曹嵩、二号墓を曹騰とする田昌五の説がよいように思う（宦官である曹騰は独身であったとみるのが普通であろう）。

一号墓の字磚には、延熹七（一六四）年の年号もみえる。『水経注』の曹騰の碑は延熹三（一六〇）年に建ったということであるから、それより遅い年次からみても、一号墓は曹嵩とみるのが妥当であろう。『水経注』には曹騰の墓の記述がないが、碑文に近いところにあったとすれば、曹嵩の墓の北になければならないのであるが、曹騰の墓と推定される董園村二号墓は、曹嵩の墓と推定される一号墓の南にあり、その点が水経注の記載と矛盾する。田氏はこれを『水経注』の記述の誤りではないかとするのであるが。

馬園村二号墓からは、「曹憲印信」と刻された銅印が出土しているから、曹憲が墓主であると思われるが、曹憲なる人物を知らない。田氏は曹操の長女かもしれないというが、彼女は漢の献帝に嫁したのであるから、田氏自身がいうように、この地に葬られるのはおかしい。

袁牌坊村二号墓には残碑があり、そのなかに熾《し》の名がみえることから、田氏は曹熾の墓である可能性が大きいという。この碑文の冒頭に「侯、歴代式《はなはだ》昭《あらわ》れ」とあり、この墓主も侯位をもっていたのかもしれない。もっとも曹四孤堆付属一号墓の磚にも、「君侯家作」の文字があり、これらは曹騰・曹嵩を指すという指摘もある。そうだとすれば、一族が曹騰・曹嵩の影響下にあったことをしめすものと解される。ともかく曹氏一族が曹騰・曹嵩のおかげを蒙ったことはまちがいない事実であろう。

上に「此の大壁を作る」とか、「曹侯の為に壁を作る」とかある字磚をあげたが、曹四孤堆付属一号墓の字磚にも、「上大夫の為に壁を作る」などとある。墓を造るほかに、どこかに曹氏のために防壁が造営されていたのであろう。世間は「倉天乃ち死す」というような謡言がおこなわれている不穏な状況下にある。豪族曹氏も宗族・郷党（郷里の人々）の防衛のために、準備おさおさ怠りなかったのであろう。

3　曹操の生い立ち

少年時の放蕩

曹操は後漢の桓帝の永寿元（一五五）年に生まれた。それは曹操が建安二十五（二二〇）年に死んだとき、六十六歳であったという記録があるところから逆算してわかるのである。生まれた場所も記録がないが、おそらく洛陽の私邸であったろう。宮中に仕えた曹騰の晩年で、子孫はかれの庇護下にあったろうし、曹嵩が大いに賄賂を宮中に入れるようになったのは、曹騰の死後のようであるが、初期の官と伝えられる司隷校尉《しれいこうい》ぐらいにはなっていたかもしれない。

魏志武帝紀には、

「太祖少《わか》きより機警にして権数あり。而《しか》して任侠・放蕩、行業《こうぎょう》を治めず。故に世人いまだこれを奇とせざるなり」

としるす。若いとき、わが織田信長のごとく、放蕩息子であって、素行が治まらず、悪知恵がきいて、人を騙すこともうまかったらしい。その具体的な例もいくつか伝わっているが、作り話めいていて信用できないものがおおい。

曹操は宦官の家の出で、いわゆる濁流豪族に属する。そのうえかれの政権は、南方の呉と対立していたから、呉の領土では曹操の悪口を、有ること無いこといろいろと書いた本が出まわっていた。曹操への非難は、『三国演義』をまつまでもないのである。そのなかでも悪口のおおい『曹瞞《まん》伝』(この本によると、曹操の小字、つまり子どものときの呼び名を阿瞞といったというが、瞞という字には、人をだますという意味があるから、むしろ曹操の悪口を書くのにふさわしいあだ名だったのであろう)には、曹操が鷹狩りやドッグレースにうつつを抜かしているので、その叔父が見かねてしばしば父の曹嵩に訴えた。曹操はこれをうるさがって、道で叔父にあったとき中風のまねをしてみせた。叔父が真にうけてまた嵩に言ったので、嵩が驚いて操をよびだすと、操は「叔父さんは私を憎んでいるので、そんな嘘をついたのでしょう」といってのけた。それから嵩は叔父のいうことを信用しなくなり、操はますます無軌道になったとある。

あるとき袁紹《えんしょう》と遊びまわって、新婚の家に忍びこみ、新婦を盗み出したところ、袁紹が茂みのなかにはまりこんで動けなくなった。そこで曹操が「盗っ人がここにいるぞ」と大声を張りあげると、袁紹は肝を冷やしてやっと自力で抜け出したという話など、魏晋のあいだの知識人の逸話集として定評のある『世説新語《せせつしんご》』にも採用されて、よく無頼の行為と悪知恵とを伝えている。のちに曹操の好敵手となる袁紹と組みあわせたところがこの話のおもしろい点だが、同時に作り話であることをも暴露している。袁紹の郷里は汝南（河南）、無名の曹操と日常的に接触できる土地ではない。なによりも袁紹の家は名士中の名士で、曹操と遊びまわる相手ではない。

曹操は遊びまわる一方で、書物もそれなりに読んではいたらしい。晋の孫盛の『異同雑語』という本には、かれが中常侍《ちゅうじょうじ》（宦官）の張讓の家に忍びこんだ話のあとに、

「群書を博覧し、とくに兵法を好んで、諸家の兵法を抄集し（抜き書きし）、名づけて『接要』という。また『孫武十三篇』に注す。みな世に伝わる」

としるしている。ただしこの前後の記事はかなり長い期間の叙述であり、この学問の部分も曹操の著書をならべたものであるから、これらが遊蕩の時期の産物であるかどうか疑わしい。

ただ学習に手を抜かなかったであろうことは、かれが仕官ののち、比較的すぐに議郎（後掲）の地位についたことから想像できる。

放蕩の背景

曹操のような無頼の行為は、若いとき気力のありあまっている人間が、思うように気力を発散できず、自由に力を発揮できない環境におかれたときに、往々にしてあらわれる現象なのではないだろうか。曹操にとって濁流の家に生まれたことは、かなりの制約をともなったものと思われる。このような若いときの経験が、のちに名士たちの側に近づこうとする曹操の行動を決定することになる。

そのうえかれは父の曹嵩との仲がうまくいかなかった。もっぱら賄賂を宮中に入れて高位を入手しようとする父のやり方を憎みさえしたのではないか。のちに董卓《とうたく》が都の洛陽を占領して、曹操が兵を挙げたとき、曹嵩はこれにしたがわず、車百余輛に積んだ財産と妾とをつれて、琅邪《ろうや》（山東）に避難しようとした。このとき曹操の弟の疾と徳という者が、父と行動をともにしたことが知られているから、操とあわなかった者は兄弟のなかにもいたのであろう。

しかし曹嵩の財産は軍閥の陶謙にねらわれて、かれらは殺されてしまう。そのあとの曹操の復讐戦がすさまじく、いたるところ残虐な殺戮を重ねたというが、当時の知識人としては内実の関係がどうであれ、父への孝をしめす復讐をするのは常識でもあった。それが気性のはげしい曹操にあうと（この点も信長に似ているが）、いちだんと苛酷な形をとるのである。そのうえこの戦争は敵対勢力の陶謙を討つよい口実にもなったのである。この戦争のことはあとで再述する。

曹操の身長

曹操はふつうの人より背が低いことを気にかけていたらしい。『曹瞞伝』などは、「軽佻浮薄な人がらで、威厳がなかった」などと書いている。軽佻浮薄だというのは、音楽好きで、朝晩芸人を側に侍らせていたり、人と談笑するのに、ふざけた言動がおおく、何事も隠さずに喋《しゃべ》ってしまう（かのようにみえる）、というようなことをいうのであるが、ここには若いときからの生活・習慣が続いている一面がみえる。またそれはかれ一流の自己韜晦《じことうかい》なのではないかというような面が考えられるが、この場合は威厳のない体格が逆手にとられて効果をあげていたといえるだろう。

しかし『世説新語』に採録された逸話のなかに、次のような話もある。

あるとき匈奴の使者を引見することになったが、曹操は自分の身体では異国人を威圧するに足りないと考えて、臣下の崔琰《さいえん》を玉座にすえ、自分は刀をとってその側に立っていた。引見がすむと間諜をやって、「魏王はどうだったか」と尋ねさせた。すると匈奴の使者は、

「魏王はなかなかご立派です。しかし玉座の側で刀をとっていた人は、あれこそ英雄です」

と答えたという。これを聞くと、曹操は追手を出して使者を殺させてしまったというが、この話によれば威厳は自ずからに備わっていて、コンプレックスなどもつにはおよばなかったと思うのだが。

なお劉備が「身長七尺五寸（当時の一尺は二四センチ余）、手を垂れれば膝より下がる」といわれ、諸葛孔明が「身長八尺」といわれているのをみると、みかけでは曹操よりよほど得している感じである。

黄巾賊

二章　曹操の仕官

―初期の官僚生活―

黄巾の反乱（元至治本全相平話三国志

左上部「倉天乃ち死す」と読める
（曹操宗族墓の字碑）

1　名士への接近

橋玄・何顒との関係

前章で引用した魏志武帝紀には、曹操の若年のおりの無軌道ぶりをのべて、「故に世人いまだこれを奇とせざるなり」、世人から見むきもされなかったといったのちに、

「ただ、梁国の橋玄《きょうげん》・南陽の何顒《かぎょう》、これを異とす」

といい、橋玄と何顒がはやくからかれを認めていたことをしるしている。曹氏も豪族であるから、相当ひろく名は知られていて、一般に清流名士たちからは無視されていたが、眼にとまる機会がなかったわけではなかろう。しかしこれらの名士たちが曹操を知ったのは、曹操側からの働きかけによったのではないか。

梁国はいまの河南省商丘市、曹氏の譙《しょう》県に比較的近いのであるが、このとき橋玄は尚書令（尚書台の長官、事実上の総理大臣）としておそらく都にあり、何顒も党錮事件で各地を流浪した後、官に復帰したのであるから、曹操と接触したのは洛陽においてであったろう。こ

れよりさき曹操は宗世林《そうせいりん》という者の屋敷にいって交際を頼んだが、世林は曹操の人となりをうとんじて、これを拒否したという話が伝わっている。これからみると橋玄や何顒との接触も、はじめは曹操の側のイニシアチブによったのかもしれない。前章にのべたように、曹操は若いときの経験から、濁流を離れて、名士の世界に受けいれられることを切望していたのである。

しかし橋玄は曹操をひとめ見るや、その人物を見抜いて、その将来性に賭けたといってよい。このとき橋玄は次のようにいったという。

「天下まさに乱れんとす、命世《めいせい》の才に非ざれば済《すく》う能《あた》わざるなり。能くこれを安んずる者は、其れ君に在るか」

まだ海の者とも山の者ともしれない若造についていうにはできすぎているから、後の修飾がないとはいえないが、乱世の到来を予見する豪族たちの一部に、かれらの命運を託するに足る英雄を待望する気持ちがあったことは否定できないだろう。

右の言は武帝紀のしるすところであるが、『三国志』の著者陳寿も参考にしている王沈の『魏書』には、次のように書かれている。

「吾れ（橋玄）、天下の名士を見ること多きも、いまだ君の若き者《ごと》あらざるなり。君善く自ら持《じ》せ。吾れ老いたり。願わくは妻子を以て托すと為さん」

武帝紀よりも具体的に、一門の保護をお願いするというかれの本音が現れている。

何顒については、魏志荀攸《じゅんゆう》伝注に引く張璠《はん》の『漢紀』に、

「党事起こるに及び、顒の名其の中に在り。乃《すなわ》ち名姓を変えて、汝南の間に亡《に》げ匿《かく》れ、至る所みな其の豪傑と交結す。顒すでに太祖を奇とし、荀彧《じゅんいく》を知り、袁紹《えんしょう》これを慕い、ともに奔走の友と為る」

とあるが、これは第二次党錮のあった一六九年ごろのことであるから、曹操はまだ十五歳、何顒が知るにはすこし早すぎるように思われる。『後漢書』の何顒伝には、

「乃ち姓名を変え、汝南の間に亡げ匿れ、至る所皆其の豪傑と親しむ。袁紹これを慕い、私《ひそ》かに与《とも》に往来し、結びて奔走の友と為る」

として、袁紹の名だけを挙げている。そして党錮の終わった後の記事に、

「初め顒、曹操を見て歎じて曰く、『漢家まさに亡びんとす。天下を安んずる者は、必ず此の人か』と。操ここをもってこれを嘉《よみ》す。嘗《かつ》て『潁川《えいせん》の荀彧、王佐の器なり』と称す」

としるしている。党人たちは漢王朝の側に立って宦官政治に反対したのであり、党錮のおりには「漢家まさに亡びんとす」などと言いそうにないから、この語は、何顒がその後に曹操を知って、橋玄と同じく、天下を安定させる人物として、期待したことをしめすものといってよいだろう。

橋玄や何顒が曹操に期待したのは、来るべき乱世を乗りきるには、かれら名士たちとは違った型の人間を必要とすることを知っていたからである。『後漢書』党錮列伝には、党人の中心であった李膺《りよう》の子の李瓚《さん》が曹操の才能に注目し、死にぎわに子どもの宣らに遺言した言葉がしるされている。

「時まさに乱れんとす。天下の英雄は曹操に過ぐる無し。張孟卓（張邈《ばく》）は吾れと善く、袁本初《えんほんしょ》（袁紹）は汝の外親、しかと雖も依るなかれ。必ず曹氏に帰せよ」

そして子どもたちはこれにしたがって乱世を切り抜けたという。乱世の英雄として曹操に注目した点は同じであるが、これは曹操任官後のことであるかもしれない。

さて曹操の人物を見込んだ橋玄は、曹操を厚遇し、いろいろ保護を加えたらしい。後年官渡の戦いで袁紹を破った帰途、曹操は睢陽県《すいようけん》（梁国に属す）にある橋氏の墓に供え物をして橋玄を祭った。そのときの祭文のなかに次のような一条がある。

「私は幼年のときに、堂室にまでいたって、とくに頑迷な資質であるのに、大君子に受けいれていただきました。その後盛んな栄誉がいろいろ戴けたのも、皆あなたの奨励・援助のたまもので、孔子が顔淵に及ばないと称し、李生が賈復に厚く感じいったのに似ています。士は己れを知る者のために死すといいますが、此の思いを抱いて忘れることがありませんでした」

若き曹操が、堂室すなわち奥の私室にまで出入りを許されて、日常生活にいたるまで指導をうけたであろうと想像されるのである。

許劭の評言

そこで橋玄は次に、曹操を世に出そうと行動をはじめる。武帝紀注に引く郭頒《かくはん》の『世語』（前出）によると、橋玄は曹操にむかって、

「君いまだ名あらず、許子将に交わるべし」

と勧めたという。名があるとは何か。名士仲間に名が知られることである。そのためには許子将と交際するのが早道だというのである。

許子将は名を許劭《きよしよう》といい、汝南《じよなん》（河南）の人で、月旦評《げつたん》（毎月一日に人物評をおこなったのでこのようにいう）で有名な名士である。かれが月々おこなう人物評は、清流仲間で評判が高かった。元来人物評価は、漢王朝の選挙で、官吏候補者の人物を推薦する場合におこなわれたことである。もともとそれは豪族社会内でおこなわれて、官吏の候補者を中央に送り出していたのであるが、後漢末、選挙が機能しなくなっても、人物評価は清流仲間で継続され、かれらの代表を選ぶ目安とされた。党錮事件ののち清流名士らが、「三君」「八俊」「八顧」「八及」「八廚《ちゆう》」などとランク付けられるのは、こういう人物評価の風を背景としている。

さて後漢末のはやい時期に、いろいろやられていた人物評価のなかでも、最も権威があったのが許劭の汝南の月旦であったから、橋玄は曹操を許劭に近づけようとしたのである。

曹操と許劭との出会いについてはいくつかの伝えがある。武帝紀注に引く孫盛の『異同雑語』には、次のようにしるす。

「嘗て許子将に問う、『我れは如何なる人ぞ』と。子将答えず。固くこれに問う。子将曰く、『子は治世の能臣、乱世の姦雄なり』と。太祖大いに笑う」

『後漢書』許劭伝の記述はもうすこし詳しい。

「曹操微なりし時、かつて辞を卑《ひ》くし礼を厚くして、己が目《もく》を為《つく》らんことを求む。劭、其の人を鄙《いや》しとして肯《あえ》て対《こた》えず。操、乃ち隙を伺って劭を脅かす。劭、已《や》むを得ず曰く、『君は清平の姦賊、乱世の英雄なり』と。操、大いに悦びて去る」

『世説新語』識鑒《しきかん》篇には、橋玄の直接の評語として、

「君は実に乱世の英雄、治世の姦賊なり」

という語が載っている。許劭との具体的な関係が諸書に載っているのであるから、橋玄の評語とするのは適当であるまい。

上記の記述をみると、曹操の目的ははっきりしている。それは「名」をえること、「目」をつくってもらうことにあった。目は「題目」ともいい、人物にたいする評語で、漢代選挙のときには「行状」ともいい、魏晋南北朝時代の選挙法の九品官人法のもとでは、選挙相当官の中正が書いて「状」ともいった。それはちょうど許劭が曹操に与えた評語、「治世の能臣、乱世の姦雄」のように、簡潔に人物の性格をあらわす形をとった。これをえることによって曹操は名士社会に受けいれられ、それを背景として官界に打って出る態勢が整ったのである。

もっとも曹操はこの評語を簡単にえられたのではない。本来的に貴族体質の許劭は、曹操を嫌って対話を拒否した。曹操はかれを脅迫して評語を出させたのであるが、それはいかにも曹操らしいやりくちである。操が「大いに笑う」とか、「大いに悦びて去る」とかいうのは、かれが目的を達してほくそえんだことをしめしている。

従来日本では「乱世の姦雄」評を、曹操の人柄を言いあてたエピソードとして扱ってきたが、しかしさすがに中国の学者には、これを選挙制度や曹操の仕官とからませて論じた者が多い。上記の『世語』に、橋玄が「君いまだ名あらず、許子将に交わるべし」というのは、橋玄が曹操のために、清流社会に通用する名声をえさせようとしたのであり、『世語』は曹操が許劭のもとにいたった結果、「是れに由り名を知られる」ようになったとしている。『後漢書』はさらに「目」を出させることが目的であったことをしるしている。

許劭の評語をえたことで、曹操の名が知られるようになったことは確かであろうが、それが曹操の起家・任官に直接影響を与えたかどうかは定かでない。曹操は熹平三（一七四）年、二十歳のときに、孝廉《こうれん》（官吏登用試験の主要科目）に推薦されて皇帝の身近に仕える郎《ろう》（後述）となり、洛陽北部尉の職に転出した。これが曹操の官僚生活の始まりであるが、張可礼編の

『三曹年譜』は、上記橋玄や許劭との出会いを一括してその前年に挙げている。橋玄との関係はもうすこし前にしてもよさそうだが、許劭の評語をえたことが、曹操の知名度を高め、孝廉に推挙される資格を確実なものにしたことはまちがいあるまい。

ただ孝廉は郡・国の太守か相《しょう》（漢代、地方は郡もしくは国に分かれていて、郡の長官を太守、国の長官を相といった）から推挙されるもので、曹操の場合それは沛国の相による推薦をまたなければならない。石井仁は、一方で宦官の養子でありながら、一方で法の順守に厳しかった王吉の推挙であったろうと推測している。王吉はその身分といい、政治への態度といい、曹操とどこか似ている点がおもしろい。

2　曹操の任官と行動

孝廉から洛陽北部尉へ

曹操は憙平三（一七四）年、孝廉に挙げられて、官僚の登竜門をくぐった。この門をくぐる当時最も普通の道は、州の刺史（郡・国の上に州があり、その長官を刺史もしくは牧といった）

から「茂才《もさい》」（元来は秀才といったが、後漢初代光武帝の名の劉秀を避けて茂才と改めた）に推薦されるか、郡・国の守・相から「孝廉」に推薦されるか、いずれかである。これらの門をくぐると、ふつう皇帝の身近に仕える「郎」という身分となり、そのなかから実際の職務に任命されるのである。曹操が任命されたのは、洛陽北部尉であった。この任命には、のちに晋王朝の建国者となった司馬懿《い》の父、尚書右丞（尚書の副官）の司馬防が関係していたことが知られている。

漢では地方を郡もしくは国と、その下の県に分け、民政長官の太守・県令をおいた。これにたいし軍事・警察を担当したのが、郡と県におかれた尉である。尉は太守・県令より俸禄は低いが、独立した権限をもっていて、しばしば郡・県の実情に応じて複数おかれた。曹操が任命された洛陽北部尉は国都の治安維持にあたる職務である。そこに何人の尉がいたか知らないが、後漢末となれば、国都の治安はとくに重要であったから、曹操はその点で期待されたのであろう。

『曹瞞伝』の伝えるところでは、曹操は県の役所に入るや、四方の門を繕い、各門の左右に五色の棒を十余本ずつ置き、禁令を犯す者は、その身分を問わず杖殺した。霊帝の寵臣の小黄門（宦官）蹇碩《けんせき》の叔父が、夜間禁令を破って外出しようとしたので、その場でこれを殺した。それは任命者の期待に違わない活躍なのだが、権力者たちはこれを嫌った。そうかといって非難するわけにいかないので、逆にほめ殺しの手を使って、これを頓丘《とんきゆう》（河南北部の県）令に転出させた。曹操はのちに「年二十三」のときに頓丘令になったと述べているから、熹平六（一七七）年のことである。

ところがその翌年（光和元年、一七八）、霊帝の皇后宋氏が廃位される事件があり、ひろい範囲の一族が誅殺された。そのなかに曹操の従妹の夫であった宋奇があり、曹操も連坐していったん免官になった。

議郎の地位と上書

曹操はまもなくまた呼び出されて議郎（秦漢代、政教の得失を議論した官）になるのであるが、王沈の『魏書』にはこれを、

「能く古学に明らかなるを以て、復《ま》た徴して議郎に拝せらる」

としるしているので、これ以前にも一度議郎になったことがあると解する説があるようだが、「復た」というのは、宋氏に連坐していったん官をやめさせられたのち、また官府によび出

されたことを指すと解してよいであろう。武帝紀は簡潔に、「洛陽北部尉に除せられ、頓丘令に遷され、徴して議郎に拝せらる」としるしたのちに、黄巾の乱の記事にうつる。議郎を二度やる余地はなかったといえるだろう。

『魏書』は古学に明らかだから議郎にされたというのであるが、これについては『後漢書』霊帝紀、光和三（一八〇）年六月条に、

「公卿に詔して、能く尚書・毛詩・左氏・穀梁《こくりよう》春秋に通ずるもの各一人を挙げ、ことごとく議郎に除《じよ》せしむ（任命される）」

とあるから、この詔にもとづいた処置である。曹操がどの経書に通暁するとされたかわからないが、少数の学者の一人に選ばれているのに注意してほしい。

『魏書』は曹操の議郎拝命の記事につづけて、かれが二回上書をおこなったことを記している。一回目は、

「陳[蕃]・[竇《とう》]武《ぶ》等、正直にして害に陥れられ、姦邪朝に盈《み》ち、善人壅塞《ようそく》せらる」

という言しか伝わらないが、陳蕃・竇武等が宦官を一掃しようとした事件は、第二次党錮のきっかけになったもので（これは曹操任官以前の事件だが）、その後朝野の政治の汚濁がますま

す甚だしくなった状態が指摘されている。その改革をせまったものであるが、霊帝にはそれに答える力がなかった。

その後三府（最高官の三公の役所）に詔を下して、州県の政治の効果がないために、人民から流言・風説等で批判をあびている者を罷免するよう命令が出されたが、三公自体が腐敗していて実行されなかった。たまたま天変地異があったために、ひろく政治の得失を問うことがもとめられた。曹操はこの機会に二回目の上書をして、

「三公の摘発は、貴族・外戚の意向に逆らわないようにして行なわれています」

と指摘した。天子はこれを見て三府を叱責したが、三府は流言によって呼び出されていた者を議郎に任命して事態を糊塗《こと》した。

『後漢書』の劉陶伝に陳耽《たん》という人の伝記が載せられている。これによると、二回目の上書は陳耽とともになされたのであるが、宦官はこの上書が天子を動かしたのをみて、陳耽を罪に陥れて獄中で殺したという。これが光和五（一八二）年のことであることもしるされている。曹操はこれをみて二度と上書をしなくなった。皇帝政治の下でふつうやられている方法では、もはや改革が不可能であることを悟ったのではないだろうか。

後漢末、党錮事件後のこの時期には、後漢朝廷の腐敗はもはや止まるところを知らず、あとは黄巾の乱の農民蜂起をまって、新しい状況が開けるのを待つほかないところにまできていた。曹操はこのような客観情勢を把握していたわけではない。気鋭の新官僚として実践意欲に富んでいたかれが、その能動性を発揮したのが上の上書である。それはかつて宦官・濁流勢力に対抗した清流豪族らの主張に同調するものであったが、この段階では清流のそのような役割はもはや終わって、清流自体も変質しつつあったといえるのではないかと、筆者は思っている。曹操がこの点に気づくようになるのはもうすこし後のことであろう。

3　太平道と黄巾の乱

黄巾の乱と太平道の新しさ

農民蜂起は曹操がおそらく議郎をやっていた末年、光和七（一八四）年二月におこった。いわゆる黄巾《こうきん》の乱（黄巾起義）である。農民の抵抗はそれ以前からすこしずつおこっていたのであるが、華北のかなりひろい地域にひろがった今回の蜂起の重要性に、さすがの漢王朝も気がついて、その鎮定に全力をあげた。曹操も騎都尉に任じられて、皇甫嵩《こうほすう》・朱儁《しゅしゅん》の軍に属して、潁川（河南）の黄巾軍攻撃に加わった。

黄巾の乱は、張角がはじめた太平道《たいへいどう》という宗教教団がひきおこしたものである。太平道はおおくの初期宗教の例にもれず、民衆の病気の治療に重点をおいて、主として農民のあいだに広まった。そのやりかたは、呪《まじな》いを唱え、お符《ふだ》を浸した水を飲ませるなど、多分に呪術的な点を残しているが、病気の原因を各人が犯した罪にあるとして、神霊にたいして罪を懺悔告白させるなど、民衆の自覚をうながした点に、新しい宗教的心性が生まれてきたことをうかがわせる。

呪術が古来の共同体のなかでおこなわれてきたものとすれば、ここに生まれた新しさは、個人の宗教の端緒が生まれてきたということもできるだろう。この後に仏教がひろがるのであるが、そこまで考えると、ヨーロッパの古代末期のキリスト教の普及を思いあわせることができる。

また太平道は、教団組織に力をいれた点でも新しい。張角はその教団を三十六方（三十六坊ともいう）に分け、大小の「方」に指導者をおいた。民間の宗教組織は「淫祠《いんし》邪教」などといわれて、中国歴代政府が警戒したのであるが、太平道の場合もそのような圧迫をうけたことが、反乱をおこす引き金になった。

しかしそのほかに、張角には一種の終末観があったといってもよいのではないか。すでに前章（一四頁）でのべたように、「蒼天乃ち死す」という謡言が、張角以前から民衆のあいだに流行していて、漢王朝の終わりが近いことを暗示していた。張角はこれをとりいれて、「蒼天已に死し、黄天まさに立つべし」というスローガンをとなえ、黄巾を標識として蜂起し、漢朝の転覆と新しい国家の樹立を目標とすることを明確にした。黄色は当時流行した五行《ごぎょう》思想（木・火・土・金・水の消長によって、世界の変化や王朝の交替等を説明する思想。五行は色と組みあわされ、新しい王朝は黄色の土徳とされた）によって、漢王朝に代わる新しい国家の色と考えられたのである。

張角がどのような新国家を造ろうとしていたかは、かれがはやく死に、反乱が鎮圧されてしまったためにわからない。しかし同じ時期に、陝西・四川の境界地帯に、張魯《ろ》が建てた五《ご》斗米道《べいどう》（天師道）の国家では、初期に教団組織がそのまま新国家の組織となり、民衆の救済をはかろうとした意図がみえている。この教団はのちに道教教団の中心になって発展するのである（第五章参照）。

黄巾と曹操

もちろん豪族・士大夫・知識人として、中国の伝統にしたがって天下に臨もうとしていた曹操には、この農民の世界は縁がない。のちに黄巾の流れを汲む勢力と、曹操は関係をもつことになるが、黄巾蜂起の本来の姿と曹操とを関係づけようとする努力は無駄なことであろう。曹操がその鎮圧に加わったのは、その立場からして当然ではある。

しかし曹操はいままで士大夫・知識人の世界しか考えていなかったと思う。そのなかの清流・濁流のいずれを選択するかというのがかれの問題であった。そこに現れた農民蜂起や宗教の世界は、曹操の考えもしなかった世界である。曹操はこれをみて、あるいは相当のショックをうけたのではないかと思う。

張角の一族がひきいた太平道の中心部は、光和七（一八四）年十一月に皇甫嵩らによって壊滅させられてしまった。よく黄巾の乱を中平元年に蜂起したかのごとく叙述するものが多いが、光和七年の十二月に中平と改元されたのであるから、蜂起は光和七年とするのが正しい。中平への改元は、蜂起が鎮圧されて終わったがために、王朝の立場から、それを記念しようとしておこなわれたのであろう。

黄巾の中枢部はこの年に壊滅したが、その残流はその後もながく、ひろい地域で活動した。曹操ものちにそのような残流と関係をもち、一部の農民軍は曹操に降服したのち、曹操の兵力として重要な位置を占めるようになる。曹操が最初に関係をもった潁川の黄巾軍は、その後も残存して、曹操が屯田を設置する際に、大きな役割をはたした。このように曹操はやがて農民軍と接触し、その力量を利用するようになるのであるが、かれの農民観がどう変わったかはわからない。

4 曹操の隠棲

済南相として

潁川の黄巾討伐に参加したのち、曹操は済南《さいなん》国（山東）の相に任じられた。その年次はわからないが、中華書局一九五二年版『曹操集』付録の「曹操年表」も、前掲の『三曹年譜』（一九八三年版）も、ともに中平元年に掲げる。そうすると曹操と黄巾との関係は、初期の潁川の戦場に限られることになる。

済南における治績についても、曹操らしい行動ぶりが伝えられている。その一つは官吏上層部の粛正である。それは、かれらが中央の貴族・外戚らに迎合して、腐敗・汚職が横行していたので、その八割を罷免したというのである。

第二は「淫祀」の禁断である。上記の太平道のような宗教教団が生まれてくる背景には、各地に小規模な新興宗教教団が無数に簇生していたのであり、政府側からみれば治安を乱すというので警戒されていたのである。ことに済南は、漢の高祖劉邦の孫にあたる城陽景王劉章の信仰で有名な処であり、信徒は王莽《おうもう》末に赤眉の反乱に加担したのであるから、曹操がこれを警戒したのは当然である。当時済南にはその祠が六百余もあって、その祭りをもりあげるために、商人がぜいたく品をもちこんだので、民衆の窮乏化を招くことになったともいわれている。曹操はこれらの祠を破壊し、官吏の祭祀を禁止した。

隠棲の原因

曹操はこのあと東郡太守に出るよう命じられたが、それを返上して、郷里に引きこもってしまった。済南の統治ではまことに果敢な行動をみせているので、隠退は唐突のようにみえ

るが、曹操の心中ではかなり以前から、隠退の願望が兆《きざ》していたとみるべきであろう。

曹操は漢王朝の官僚生活を洛陽北部尉からはじめ、権臣の違法行為をまのあたりに見たが、中央の議郎に上って、腐敗が全官僚におよんで、もはや匡正すべからざる情勢になっていることを悟った。『魏書』には、

「権臣は朝廷で権力を専らにし、貴戚は横しまな行いを恣にしている。太祖（曹操）は道に背いてまで、かれらの要求を取り容れることができず、しばしばそれに逆らったので、家に禍を及ぼすことになるのを恐れ、ついに宿衛に留まって、天子の身近にいることを願った。その希望がかなって議郎を拝したが、いつも病気なのだといって、やがて郷里に帰るのに成功し、家を城外に築いて、春夏は書物を読み習わし、秋冬は鳥獣を狩猟して、楽しみとしていた」


とのべられている。この記述には宿衛や再度の議郎など、上述の実際の経過と違ったことが書かれており、誤りがあるけれども、曹操の隠退の気持ちが議郎の時期にはじまることを示唆している。

また『魏武故事』という文書を集めた記録のなかに、建安十五（二一〇）年十二月己亥《きがい》の

布令が収められているが、そこでは曹操がこれまでの経歴をふりかえって、そのなかで、

「故に済南に在って、始めて残を除き穢《わい》を去り、平心もて選挙するも、諸常侍に違《たが》い逆《さから》う。おもえらく、強豪の忿《いか》る所と為り、恐らくは家の禍を致さんと。故に病を以て還る」

とのべている。済南において免職された官吏らは、中央の宦官と結託していた者がおおいので、ここには諸常侍（宦官）と書かれているが、むろんその他の貴族・外戚の恨みをも買ったことであろう。『魏書』にしても『魏武故事』にしても、「家の禍」を恐れたことは同じであり、そのために隠退を考えた時期がかなりさかのぼることは確かであろう。

十二月己亥令の文章は上にすぐ続けて、

「官を去るの後、年紀なお少《わか》く、顧みて同歳の［及第者の］中を視れば、年五十なるものの有るも、いまだ名づけて老と為さず。内に自らこれを図るに、此れより二十年を卻《のぞ》き去り、天下清きを待つも、乃ち同歳中の始めて挙げらるる者と等しきのみ」

とのべている。これは隠退をしても年齢がまだ若いので、この年の選挙の及第者の五十歳の者と並ぶのは、二十年の後であると言っているのであるが、盧弼《ろひつ》の『三国志集解』は、これ

にしたがって済南相任命を曹操三十歳のときと推定している。しかしこの文章は隠退時期のことを言っているのであり、盧弼流に解すれば、三十歳のときに隠退したことになる。しかし曹操三十歳は中平元（一八四）年にあたり、黄巾の乱が平定した年でもあるから、もしこの年隠退したとすれば、済南の在任期間がなくなってしまう道理である。おそらくこの令文は概算でのべているのであって、隠退の時期は中平年間のもうすこし後と考うべきであろう。

隠棲時の生活

隠退した屋敷のことは、すでに前章で引いた『水経注』に、「城東に曹太祖の旧宅あり、云々」とあったが、上の令文には

「故に四時を以て郷里に帰り、譙の東五十里に於いて精舎を築き、秋夏は書を読み、冬春は射猟せんと欲す」

とある。

隠退して閑暇をえた曹操は何を考え、何をしていたか。単なる読書と射猟であるはずがない。それにこの言葉はいささか決まり文句である。曹操の隠退の直接の原因は「家の禍」であるが、そこでは官僚としてのかれの意欲、かれの行動はまったく妨げられて通じない。そ

れでは隠退せざるをえない。そういうかれには漢王朝の現実にたいする深い絶望があったはずである。

そのかれが隠退の後に、なぜふたたび官界に登場しようとするにいたるのか。それは隠退のあいだに、天下の情勢を考えて、変化の兆しを見出していたからではないだろうか。漢の宮廷政治の世界はもはやいきづまって展望がない。そこから新しい情勢を導き出していけるのは何か。さしあたり黄巾の乱などを考えてみるほかないのではないか。しかし問題は黄巾の乱のかなたにみえる天下大乱ともいうべき世界である。その点を橋玄・何顒らははやくから予見していたのである。その意見を聞いていた曹操に、その展望が開けなかったはずはないであろう。したがって隠棲生活のあとに登場するのは、「乱世の英雄」であるといえるだろう。

なお筆者はこの隠棲生活のあいだに、曹操の著作である『兵書接要』ないし『孫子注』の、すくなくとも一部が書かれたであろうと推測する。何の証拠もないのであるが、これらが曹操の二十歳未満の青少年時代に全部書かれたとするには、荷が重すぎるであろうし、戦塵のなかを東奔西走する曹操の生涯のなかで、この閑暇の時期こそ、読書のみならず、著作に没頭するによい時期ではないかと想像するからである。

もう一つ、たぶんこの隠棲の時期のことと思うが（通鑑はこれを中平五〈一八八〉年のこととしている）、冀《き》州刺史王芬《ふん》らの陰謀に誘われたという事件がある。これは王芬・許攸《きょゆう》・周旌《せい》らが連携して、霊帝が北方に巡幸する機会に乗じてこれを廃し、合肥侯という者を立てようとはかった陰謀であるが、たまたま北方に赤気が出たので、太史（天文の官）が「陰謀があるにちがいありません。北行は不可能です」と上言して、失敗に終わった。

曹操が参加をことわったのは、『魏書』に載せる王芬への拒絶の辞で一応明らかで、失敗を見透していたかのごとくみえるが、それには拒絶の口実として書かれた面もあろう。隠棲中で天下の形勢を考えていた最中の曹操としては、軽々しく動きたくなかったのであろう。

曹操の家族

『水経注』の記事には、曹操がその屋敷で読書・狩猟の生活を送ったというほかに、文帝曹丕《ひ》が中平四（一八七）年にここで生まれたことがしるされている。曹丕やそのあとで生まれた曹植《しょく》らの母は卞《べん》氏で、曹操が魏王になってから、王后に立てられた女性である。

曹操は以前に丁氏を正室とし、劉氏を側室としていて、劉氏とのあいだに曹昂《こう》・曹鑠《しゃく》という男子も生まれていたが、劉氏がはやく亡くなったので、丁氏がこれを養っていた。実子が生まれない丁氏としては、この曹昂・曹鑠を曹操とのあいだの絆のように思っていたのであろう。ところが鑠が早く死に、昂が曹操の身代わりになって戦死してしまったので（九二頁参照）、丁氏は曹操を恨んで実家に帰ってしまった。曹操が訪ねていくと、ちょうど機を織っていたが、機から下りてもこないし、挨拶一つしなかったので、曹操はしかたなく帰宅し、丁氏を離縁して、その後に卞氏を入れたのである。丁氏はやはり沛国譙県の豪族で、曹氏と代々通婚関係にあることは、石井仁がくわしい考証をしている。

一方卞氏は山東瑯邪《ろうや》から譙に来ていた倡家《しょうか》（歌い女）であり、はじめ曹操の妾となっていたのを、丁氏が廃されてから正室にすえられたのである。彼女がしっかりした女性であったことは、まだ妾のころ、董卓が洛陽を占領して、曹操が逃げ出したとき、袁術《えんじゅつ》が誤って曹操が死んだという知らせをもたらしたので、曹操の部下たちが解散しようとすると、

「殿の安否はまだわかりません。明日にも殿が生きておられることがわかったら、あわせる顔がないではありませんか。もしほんとうに災禍にみまわれたら、いっしょに死ぬのに何のさしさわりがありますか」（魏志后妃伝）

といって止めたという話でよくわかる。曹丕らの実子のほかに、母がいない曹操の諸子たちはみな彼女に養われたという。

卞氏の実子は曹丕・曹彰・曹植・曹熊《ゆう》（あるいは豹）の四子であるが、曹丕が冷静で政治的判断にすぐれているのにたいし、曹植は後世まで当代第一の詩人として評価が高いが、それだけに才気に溢れ、直情的な点があった。この二人が曹操の跡目相続で対立することは後にのべよう。曹彰は武勇にすぐれ、烏桓《うがん》との戦争に大功を立てたが、その功績を部下の将軍たちに譲ったので、曹操はたいへんその武人ぶりを喜んだという。実はこれは曹丕の入れ知恵によったらしいが、彰は武勇一徹で詩文などには一顧もしなかったから、それではこの時代に曹丕らの競争相手にはならなかった。曹操は死亡時に、幼児の豹のことを兄弟に頼んで死んだというが、それが熊の名でも伝わる者であろうか、はっきりしない。

そのほかに注目されたのは、環夫人の生んだ沖《ちゆう》であるが、幼時孫権から贈られた象の重さがどのくらいあるのか、群臣が論議しているとき、沖は「象を船に載せ、水位が上がった所にしるしをつけておき、次に適当な物を載せて、それを計ればよいでしょう」と提案したという話が伝わっている。なかなか情理兼ね備わった人物で、訴訟等で沖に救われて無罪になった者もおおく、曹操からも将来を期待されていたが、十三歳で病死した。

曹操の子どもは全部で二十五人、その名は魏志巻二〇武文世王公伝の冒頭に載せられており、それらの伝記は巻一九・二〇に分載されている。これらと后妃伝とによって、曹操の家族のあらましがわかるのである。

二章　曹操の挙兵
―乱世の英雄への道―

屯田開墾の図（甘粛嘉谷関魏晋墓壁画）

1　後漢王朝末期の宮廷で

西園の新軍

霊帝の末期に、西園という離宮の地を強化して、宮殿を修理し、軍隊を集めた。その費用をえるために大規模に官位を売りに出し、その入金を「西園銭」「助軍修宮銭」等とよんだ。曹操の父曹嵩が太尉の高官を買ったのも、この「西園銭」を入れたからである。曹操がよび出されたのは、この西園に新設する軍隊の指揮官に任命されるためであった。曹操はさきにその学問の才をみこまれて議郎に任命されたが、今度は軍事的能力をみこまれたのである。かれの軍事的能力は黄巾軍との戦闘で試し済みであった。

新しい軍隊の設置は中平五（一八八）年八月で、『後漢書』の唐李賢注に、『山陽公載記』なる書物を引いて、指揮官の名を伝えている。

上軍校尉……小黄門蹇碩《けんせき》　中軍校尉……虎賁《こほん》中郎将袁紹《えんしょう》　下軍校尉……屯騎校尉鮑鴻《ほうこう》
典軍校尉……議郎曹操　助軍左校尉……議郎趙融　助軍右校尉……議郎馮芳《ふうほう》

左校尉……諫議大夫夏牟《かぼう》　右校尉……諫議大夫淳于瓊《じゅんうけい》

これらはみかけは八軍だが、実際は上・中・下の三軍編成だったろうという石井仁の推定が正しいだろう。しかもこれらは結局小黄門蹇碩に統合されたという。小黄門は宦官で、宦官が新軍隊を握るように計画されていたのだが、その他の七校尉には、比較的若手の官僚が選ばれていた。

袁紹・曹操らが注目され、台頭するきっかけになったのは、このときの校尉任命からであろう。曹操がのちに書いた前掲の建安十五（二一〇）年十二月己亥令では、都尉から典軍校尉に遷ったようにのべられているが、都尉は黄巾追討の際に任命されたものであろう。

この段階で袁紹がいちばん重視されたことは、かれがもと虎賁中郎将の地位にあり、蹇碩に次ぐ中軍校尉（『後漢書』の伝は「佐軍校尉」としているが、『三国志』の伝は「中軍校尉」とする）に任命されていることであきらかである。袁紹の家は、高祖父の安が司徒になって以来、「四世三公の位に居り、是《こ》れに由り勢い天下を傾け」たといい、「門生《もんせい》・故吏《こり》（門弟や旧部下）、天下にあまねし」ともいわれた。そのうえ袁紹自身も威厳があり、よく士人たちの面倒をみたので、これに従う者がおおかった。したがって袁紹は家柄からも、個人の資質からも、諸人の指導者になりえたのであるが、さらに後漢王朝を通じて跋扈していた宦官勢力を一掃することによって、その地位を確立したといえるだろう。

宦官一掃

思いきった宦官一掃の計画を、はじめに立てたのは外戚の何進《かしん》であった。何進は霊帝の皇后の兄であったが、霊帝が死んで、皇子の辯（少帝）が立つと、幼帝の摂政となって、宦官の誅滅を謀った。何進はあらかじめ袁紹ら何人かにこの計画を相談していたらしい。ところが皇太后（何進の妹の何太后）が逡巡して賛成しなかったばかりに、何進は逆に宦官に殺されるはめになった。

しかし袁紹や従弟の袁術らは、この話を聞くと兵をひきいて後宮に乱入し、宦官らを皆殺しにすることに成功した。皮肉にも新進官僚に西園の軍隊を握らせたことが、宦官にとって失敗だったのであるが、後漢王朝の勢いが傾いたこの時代には、王朝に寄生していた宦官の勢力自体がすでに衰えていた。それにたいして新興の官僚が台頭していたのである。その代表が袁紹や曹操であった。

曹操も宦官誅滅の相談をうけたらしい。しかし袁紹とちがって、計画に参画するのをこと

わった。王沈の『魏書』によると、

「宦官の役は古今必要なものだ。ただ君主が寵愛を加えるから、こんなことになるのだ。その罪を裁いたなら、そのなかの主犯を誅すればよい。（何進のように）外部の将軍をよんで、これを皆殺しにしようとすれば、事はかならず露見して、失敗するにきまっている」

と笑っていたという。

ここには王芬らの陰謀への参加をことわったと同様な用心深さがある。個々の事件の場合、事に臨んで果断であった曹操も、天下の行く末を左右し、自分の運命を定めるであろうことには、ことのほか用心深い対応をとっているのである。ただここにみえるのは一般的な用心深さであって、事態が変わってきているという洞察はない。袁紹の行動がしめすように、自分たちが主体的に運命を切りひらいていく時代が実は来ているのである。曹操がそのような時代の主役として躍り出るのは、この後の天下大乱になってからである。

典軍校尉としての曹操が望んでいたのは、当時西北辺境でおこっていた反乱の討伐であったらしい。それは金城郡（甘粛蘭州付近）で辺章・韓遂《かんすい》らが反乱をおこし、刺史・郡守らを殺して、十余万の衆になったという事件があったからである。この乱は中平元（一八四）年ごろからおこったらしいが、年々拡大して始末に負えなくなっていた。そこで後漢王朝はこの討伐に西園の軍をあてることを考え、曹操もそれに応じて征西将軍になるのを望んでいた。そのことは曹操自身が書いた文（前掲十二月己亥令）によって知られる。しかし都の情勢の方が進んだので、それは実現しないで終わったらしい。

董卓の洛陽占領

宦官はともかく漢王朝の権力を代表していた。宦官が誅滅された後に、漢の皇帝は一時諸臣から見捨てられたような状態になって、都洛陽の城外にさまよい出た。

さきに何進は宦官誅滅の計画を立てると、曹操が言っているように、使者を派遣して、外部の強力な将軍とその軍隊を、都によびよせようとした。ところがそれら軍隊の到着がまにあわないうちに、事態が進行してしまったのである。そのおりしも混乱した洛陽の郊外に、西北辺境の獰猛な軍隊をひきいた将軍董卓《とうたく》が現れた。董卓はまず城外に逃げてきた皇帝らに遭遇し、少帝の弟の陳留王を立てようとした。陳留王の方が利発であったし、自分の手で皇帝を立てることによって、董卓は主導権を握ることができると考えたのであろう。

洛陽城内に入った董卓は、袁紹にこの廃立の相談をもちかけたが、袁紹は賛成しなかった。董卓は「劉氏の種は残すに足りない」などといい、思いどおりに陳留王を立てた。これが後漢王朝最後の皇帝献帝で、のちに曹操がこれを廃止しなかったために、比較的ながく帝位を保ったが、もちろんロボット天子である。

董卓は自ら相国《しょうこく》（宰相の称）と称し、内臣たちの首のすげかえを自由におこない、気に入らない者を殺して宮廷政治を独裁した。袁紹は「天下のつわものは、董公だけではありませんぞ」と捨てぜりふを残して、冀州《き》（河北南部）に出奔した。

都からの脱走

曹操はどうしたか。董卓は曹操を驍騎校尉に任命したが、曹操は董卓のやり方をみて、その将来を見限り、僅かの手勢と郷里に逃げ帰った。董卓の通達も出ているし、その権威も残っていたので、姓名を変え、間道をいったが、それでも中牟《ちゅうぼう》（河南）の亭長に疑われ、県の役所に連行された。さいわい郡の首席官吏の功曹が曹操だと知って、漢末乱世のなか、このような英雄には活躍してもらわなければならないと考え、県令に働きかけて釈放させた。

もう一つこの逃亡のあいだに、旧知の呂伯奢《りょはくしゃ》の家に立ち寄ったとき、人を殺すことになったという話が伝わっている。王沈の『魏書』には、伯奢が不在で、その子と賓客が曹操の馬や持ち物を奪ったところから争いとなり、曹操は数人を斬り捨てたとしるされている。ところが郭頒《かくはん》の『世語』や孫盛の『雑記』は、疑心暗鬼の曹操が、隣室の食器の音を、自分を殺そうとする武器の音ととりちがえて、人々を皆殺しにしたという話につくりかえている。とくに『雑記』には、曹操が

「むしろ我れ人に負《そむ》くとも、人をして我れに負くことなからしめよ」

と言ったという、曹操の性格をそれなりにしめす言葉が載せられている。作り話にしても、うまい言葉を考え出したものである。『三国演義』は最後の『雑記』の説をさらに修飾して、曹操を最も悪者に仕立てている。いずれにせよ、曹操が呂伯奢の一家と殺しあいになった話には、いろいろな尾鰭《おひれ》がついて伝わるようになったのである。

2　曹操らの挙兵—曹操、群雄の一人となる—

曹操の挙兵

董卓は洛陽の宮廷を握って、独断専権の行為をくりかえしたが、もはや中央を握れば、地方がそれに従うような状況ではなかった。むしろ董卓打倒を旗印に、地方から立ち上がる者がおおくなった。

曹操も郷里の譙《しょう》県で兵を挙げようとしたが、譙県は豫州の治所であったから、豫州刺史黄琬《こうわん》に疑われることになった。曹操は逃げたが、兵を募集して曹操に応じようとした秦邵《しんしょう》は殺された（曹操はその子の真を養子として養育した）。

郷里を脱出した曹操が実際に挙兵したのは、郷里からすこし離れた陳留郡（河南、開封東南）の己吾《きご》県においてであった。このとき『世語』によると、

「陳留の孝廉の衛茲《えいじ》、家財を以て太祖を資《たす》け、兵を起こさしむ。衆五千人あり」

といわれている。

しかし前記の秦邵がすでに兵を募集しているところをみると、曹操は郷里の譙県で挙兵の準備をしていたのであり、魏志巻九の親族の伝記をみると、夏侯惇《とん》・夏侯淵・曹仁・曹洪らはいずれも曹操の麾下に馳せ参じたのであるから、郷里の人々との連絡ができていたことをうかがわせる。武帝紀は、

「太祖陳留に至り、家財を散じて義兵を合《あつ》む」

と書いているが、曹操自身の家は挙兵の費用を負担するに足る家でもある。ただ他郷での挙兵であるから、家財の処分が自由であったかどうか疑わしく、陳留郡の有力者の財政的な支援があったことをしめす『世語』の記事は大切である。

また『魏書』によると、鮑信《ほうしん》兄弟は郷里で歩兵二万、騎兵七百、輜重五千余乗（台）を集めて、曹操に呼応したというが、かれらの郷里は山東の泰山郡であるから、すぐ曹操と兵を合したわけではなかろう。ただ曹操の挙兵が孤立していたのではないことが、これらの記事からうかがわれる。

群雄の蜂起

曹操の挙兵は中平六（一八九）年十二月であり、武帝紀には翌初平元（一九〇）年正月の段階での、おもな挙兵者の名が列挙されている。

後将軍袁術　冀州牧韓馥《かんふく》　豫州刺史孔伷《こうちゅう》　兗《えん》州刺史劉岱《りゅうたい》　河内《かだい》太守王匡《おうきょう》

渤海太守袁紹　陳留太守張邈《ちょうばく》　東郡太守橋瑁《きょうぼう》　山陽太守袁遺《い》　済北相鮑信

各人とも数万の兵力をもち、袁紹が推されて盟主となったという。これらの肩書は後漢王朝の官であるが、太守・国相以上の人々を列挙しており、曹操のごときは含まれていない。かれは「行奮武将軍」とされているが、「行」というのはこの時代では臨時に任命されたことを意味するから、無官のかれに袁紹あたりが与えたものであろう。のちに漢王朝の公認をえて、正式に「奮武将軍」になることを予定しているのである。

群雄の蜂起は比較的急速におこなわれたらしい。そのことは董卓が挙兵の報を聞き、翌二月に天子を長安にうつし、漢の宮殿に火をかけたという記事から想像される。また群雄はばらばらに蜂起したのではなく、おもな群雄間には相互に連絡がとれていて、武帝紀の「同時倶《とも》に起兵す」という叙述が、真実に近いのではないかと思われる。曹操についてはだれが蜂起を示唆したか記録がないが、天下の大勢が感得できるような情勢だったのはたしかであろう。

群雄は同時に起兵したものの、戦闘にはかならずしも協力的でなかった。このとき袁紹は河内（河南北部沁陽）に駐屯し、張邈・劉岱・橋瑁・袁遺は酸棗《さんそう》（河南北部延津）に駐屯し、袁術は南陽（河南南部）に駐屯し、孔伷は潁川《えいせん》（河南許昌）に駐屯し、韓馥は鄴《ぎょう》（河北南部臨漳）に駐屯していた。

董卓は天子を長安にうつしたが、かれ自身はすぐには洛陽を放棄しなかった。洛陽は後漢二〇〇年の都であり、河南平野の中心にある重要地点であった。かれが宮殿を焼いたという記事は、洛陽の都としての機能をなくし、これを焦土と化する意図をしめすものであるかもしれない。董卓はやがて洛陽から長安にうつるが、それは洛陽を破壊し終わったという考えが背景にあったのではなかろうか。

袁紹らは、西北辺境の異民族をふくんだ董卓の兵になかなか太刀打ちできず、先陣を引きうける者はいなかった。これをみて曹操ははがゆがり、滎陽《けいよう》（河南）の汴《べん》水のほとりで卓の部将の徐栄と戦ったが、士卒の死傷おおく、曹操自身も流れ矢にあたり、馬も傷ついて、従弟洪の持ち馬を提供してもらって、戦場を離脱しなければならなかった。しかし徐栄も群雄の拠る酸棗は攻めがたいとみて、兵を引きあげた。

曹操が酸棗に帰ってみると、諸軍の兵は十余万も集まっているのだが、毎日宴会を開いて騒いでいるばかり、戦闘に出る気配はない。曹操は諸軍が配置をかえて、董卓を関中におしこめ、持久戦にもちこむよう提案するが、将軍たちは曹操をまだ下っ端とみていたので聞く耳をもたなかった。

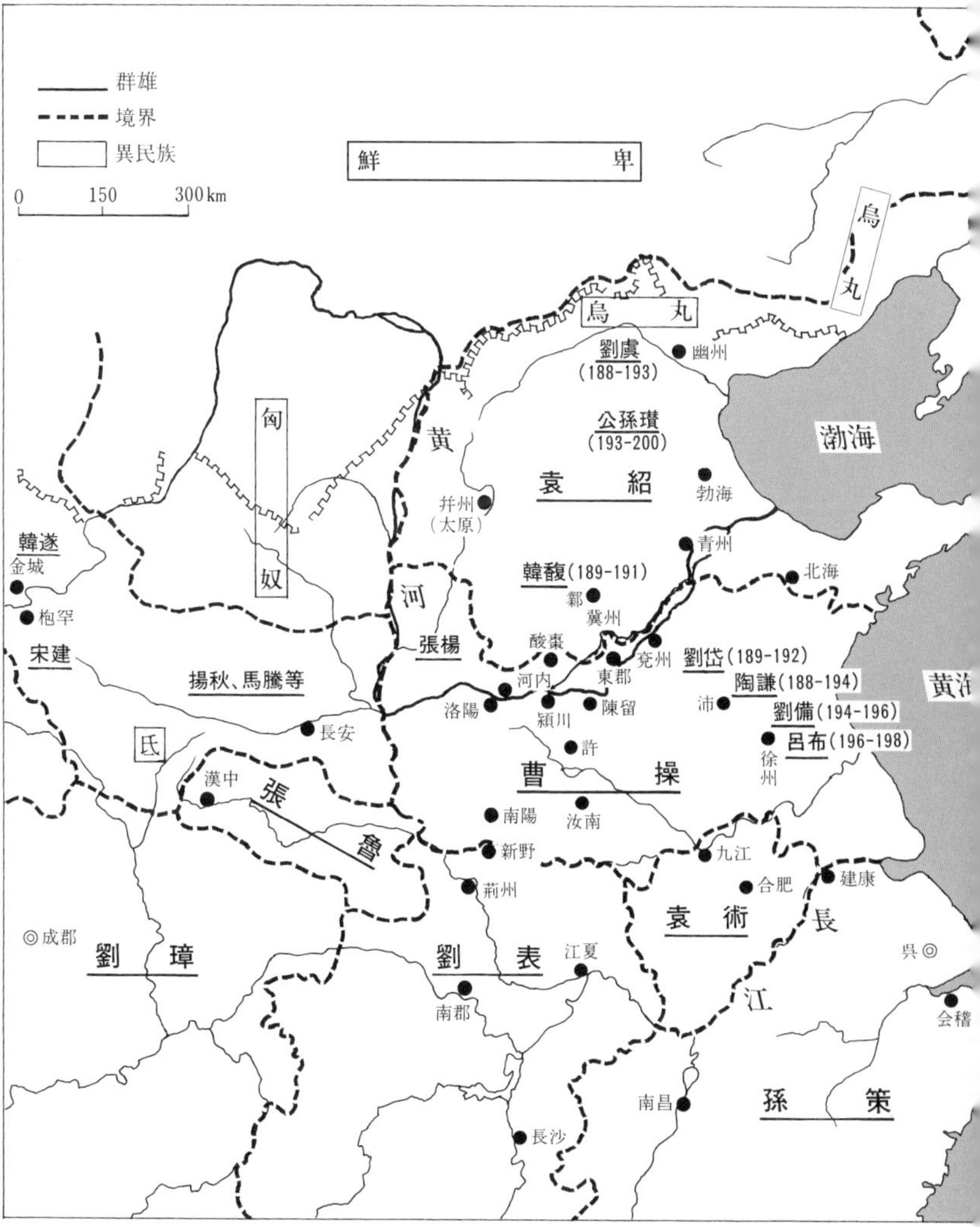

後漢末群雄割拠の図（郭沫若主編『中国史稿地図集』に拠る）

董卓の軍と戦った者に、もう一人袁術の麾下に入っていた孫堅がいる。孫堅は卓の軍を破って洛陽に迫ったので、董卓はついに洛陽に火をかけて長安に移った。その後孫堅は袁術の命令で荊州を攻撃するうち戦死した。その後を継いだ孫策は、のちに袁術の命令をうけて江南を征服し、その地に孫氏の政権を築く基礎をおくことになる。

皇帝を長安におき、自らも簡単に洛陽を放棄して、長安に移動した董卓の考えは甘かった。なるほど長安は古来の都であるが、この時代西方に偏していて、もはや中原を制する位置にない。董卓は東方の広大な関東平原を放棄して、西辺の長安にこもることになった。かれはそれによって、自ら中原の争覇戦から降りてしまったといってよい。

これにたいして群雄たちはもともと来るべき大乱に備えて、それぞれの勢力を温存し、強固にしておくことに関心があった。むだに兵力を消耗するつもりはなかったのであるから、群雄らが董卓と戦うのに消極的であったのはもっともなのである。そうこうするうちに群雄らのあいだに仲間割れも生じて、劉岱が橋瑁を殺して王肱《おうこう》なる人物を東郡太守にしたが、これは劉岱が群雄割拠の情勢のなかで、勢力範囲をひろげたことをいみする。

袁紹は冀州（河北安平）刺史韓馥と謀って、幽州（北京周辺）牧劉虞《りゅうぐ》を皇帝に擁立しようとした（州の長官は、はじめ刺史と呼んだが、後漢末牧と改めた。ただし、依然刺史と呼んでいる場合もある）。これには董卓の独占する漢の献帝にかわる新しい権威をつくりだし、失われつつある袁紹の指導権を回復しようとする意図があったかと思われるが、劉虞の辞退にあって計画は頓挫した。この計画には曹操も誘われたが、かれはこの種の陰謀を一貫してことわっている。しかしこのときから、曹操と袁紹とのあいだが多少気まずくなってきたといえそうである。

その後幽州牧劉虞は公孫瓚《こうそんさん》にとって代わられ、冀州の韓馥も公孫瓚に敗れたので、馥は冀州を袁紹に譲ろうとした。この後は幽州を奪った公孫瓚と、渤海太守袁紹が河北を二分する形で争うことになり、とくに冀州は両者の争奪の的となった。公孫瓚は成り上がり者で、新興商人らを重視して名士を圧迫したのにたいし、袁紹は名士中の名士で、名士を重く用いてかれらの支持をえた。結局袁紹は公孫瓚を破って冀州牧となった。冀州は大郡で人口も多く、兵力百万、穀物の蓄えは十年分あるといわれるくらいで、冀州の獲得で袁紹はたいへん有利な地位についた。

黒山の賊と東郡太守

そのころ「黒山の賊」といわれる十余万の衆が魏郡（河北南部）・東郡（河南北部）を襲い、劉岱の任命した王肱は防ぎきれなかったので、曹操は兵をひきいて東郡に入り、「賊」の一部を破った。そこで袁紹は曹操を東郡太守に推すことにした。初平二（一九一）年のことであるが、曹操はこのときはじめて群雄と肩をならべる地位を獲得したのである。そして翌年にかけて、黒山の賊の残部と匈奴を破って、勢力を確立した。曹操は東郡の地をえただけでなく、このとき優秀な臣下をもえた。これ以後曹操の参謀として活躍する荀彧《じゅんいく》が、曹操の将来を見込んで、袁紹の麾下から馳せ参じたのである。

それはさておき、黒山の賊というのはこの時代の戦乱の一様相を伝える興味深い事例である。さきに黄巾の農民蜂起がおきたとき、各地の民衆が呼応したのであるが、かれらは黄巾主流の壊滅後も、諸方の山谷に拠って活動していて、山賊とみなされていた。それらの頭目には、黄竜・白波・左校（指揮者の名称）・郭大賢（大賢は黄巾の指導者の名）・于氐根《うていこん》（髭が多いというあだな）・青牛角・張白騎・劉石・左髭《し》丈八（同じく髭が長い）・平漢（漢を平定する）・大計・司隷（ともに官職の名）・掾哉《えんさい》・雷公（声が大きい）・浮雲・飛燕・白雀・楊鳳・于毒・

五鹿・李大目（目が大きい）・白繞《はくじょう》・眭固《けいこ》・苦哂《くしん》等の名が伝えられているが（『後漢書』朱儁《しゅん》伝）、いかにも山賊の頭目らしい名前である。

そのなかに常山郡の張燕（飛燕）という者があり、河北一帯・山西南部・河南北部の山賊たちと連絡し、燕が総帥となって「黒山」と号し、その軍勢は百万に達したといわれる（魏志張燕伝）。かれらは袁紹・公孫瓚ともはげしく戦ったが、そのなかの于毒・白繞らの頭目にひきいられた一部が、魏郡・東郡に侵入したのである。

黒山の賊の後日談をすれば、かれらは群雄との交戦のなかで、しだいに兵力を消耗していったが、のちに曹操が袁紹を破って冀州を併合すると、張燕は十余万の衆をひきいて曹操の軍門に降った。

青州黄巾と曹操の兵力構成

黄巾自体も中平元年その中核が敗れたのち、中平五（一八八）年ごろ青州・徐州等で復活し、青州の黄巾は山東各地で活動したのち、初平三（一九二）年になって、百万の衆をもって兗州《えんしゅう》（河南東部・山東西部地域）に侵入した。

兗州刺史の劉岱《りゅうたい》はこれを迎え撃って戦死したので、管下の済北国（州の下に国や郡がある）

の相であった鮑信《ほうしん》は、州の役人らと相談して、旧知の曹操を東郡から迎えて、兗州牧の任にすえた。この場合も袁紹の支持があったものと思われる。曹操以下はこの黄巾軍と戦い、鮑信は乱戦中に戦死したものの、結局「降卒三十余万、男女百余万口」を投降させ、そのうちの精鋭を収容して「青州兵」と名づけたという。

青州黄巾の大軍は、黄巾の中核部分が壊滅した後も、その教えにしたがった民衆が各地にいて、相当な武装勢力をもっていたことをしめしている。後述するように、汝南・潁川の黄巾や徐州の黄巾などと称する勢力もあった。曹操に投降した青州黄巾の場合、三十余万の兵力のほかに、男女百余万口がいたというが、これは一般の農民大衆がこの集団に含まれていたことをしめしている。むろん三十余万の兵卒も、それらの農民大衆のなかから選抜されたものであろう。曹操が青州兵を組織したことは、そのような農民軍を麾下にもつようになったことを意味する。

そもそも曹操の兵力は最初は非常に少数であった。己吾《きご》で挙兵したときの兵力は五千人かそこらであったといわれる。その少ない兵力をもって滎陽で董卓の軍と死闘したのであるから、壊滅的な打撃をうけたといってよいであろう。そこで夏侯惇らと揚州（長江下流域）にいたって募兵した。揚州刺史や丹陽（安徽南部長江以南）太守が協力してくれて、四千余人の兵が集まったが、帰る途中でそのおおくが離反したという。それは刺史・太守の命令で与えられた兵であって、兵士たちが自らの意志で応募したものではなかったからであろう。曹操は結局そのなかから千余人を収容したにすぎなかった。

だから東郡・兗州の地方官を握ったことが大きかった。なかんずく兗州で獲得した青州兵が、この段階で、曹操の兵力の多数を占めたことはまちがいないであろう。その結果曹操が、青州兵を構成する農民の意向に、どの程度動かされたかどうかが論争になっているわけである（『曹操論集』）。

ただし青州兵には驕慢な態度があり、ときに敗戦のおりに略奪をおこなったり（魏志于禁伝）、二二〇年曹操が死んだとき、かれらが勝手に兵を引き揚げようとしたことなどが伝えられている（魏志賈逵《かき》伝）。ここから曹操が青州兵を直属軍として特別扱いし、優遇を加えて甘やかしていたことが想像されるが、一方で青州兵が戦争で功績をあげたという記事にはであわないし、青州兵のなかから抜擢された将軍もない。そこで青州兵の役割には疑問を呈するむきもある。

曹操には、これとは別に、その兵力はわからないが、中軍と総称される侍衛軍（近衛兵、親兵）があった。それらは各地の土豪や任侠等の兵力を採用したものであり（後述）、つねに曹操の身辺にいて、おおくは曹操の身内にひきいられていた。これらが諸他の兵力をも指揮して、各地の征服戦争に活躍したといってよいようである（何茲全『読史集』、方詩銘『曹操・袁紹・黄巾』）。

なお曹操の兵力確保については、兵戸制度の存在を無視できない。これは兵士とその家族を、一般の民戸と区別して戸籍に登録し、これを兵戸（または士家）とよんで、代々兵役の義務を世襲させたものである。これは中央集権的な郡県制が十分機能せず、一般民からの兵士徴集がままならない状態のもとで、兵力を確保しようとしたものであるが、いつ始まったかはわからない。曹操勢力の発展のある段階で設けられたのであるが、いったん設けられると、曹操の時代にとどまらず、魏晋南朝の諸王朝に受けつがれた（濱口重國『秦漢隋唐史の研究』上巻）。

兗州周辺の戦闘と兗州の確保

曹操が兗州を領有してより、最初に戦った群雄の一人は袁術であった。袁術は袁紹と同族でありながら仲が悪かった。二人とも袁氏は天下の名門だという自負があって、どちらかが天下に号令できる地位に立てると考えていたのである。袁術の根拠地は南方の南陽にあったが、北方の公孫瓚に手をまわし、袁紹は南方の荊州牧劉表と組んだ。遠交近攻の策である。曹操は袁紹側について、公孫瓚が派遣してきた劉備らを撃破した。その間に袁術は劉表に糧道を断たれ、曹操の領内に侵入してきたので、曹操はなんどか術の軍を破って、術を長江流域の九江に追いやった。

つぎに曹操は、東隣の徐州牧陶謙を討った。これよりさき陶謙は徐州の黄巾を破った功で、徐州刺史に任命されていたが、前述したように（二〇頁）、操の父の曹嵩を殺してその財産を奪った。陶謙は袁術派の公孫瓚と結んでいたので、袁紹派の曹操に打撃を与えようとしたのだともいわれる。曹操は復讐を口実に徐州領内に押し入り、いたるところ殺戮をほしいままにし、万人とも数十万人ともいわれる男女を死亡させた。この殺戮は兗州地域の有力者らの離反をうながす一因になったと思われる。その後陶謙が病死したのち、徐州牧を継いだのが劉備である。

興平元（一九四）年、兗州領内は大混乱におちいった。州の管轄をうけていた陳留郡太守張邈《ばく》が、曹操の将陳宮《ちんきゅう》らと謀反をはかり、董卓を殺して逃げてきた乱暴者の呂布《りょふ》を迎え入れた。張邈は袁紹・曹操とも古くから交際があった群雄の一人であるが、袁紹と仲たがいし、曹操に援けてもらったが、曹操と袁紹が手を結んでいるので、疑心暗鬼の状態だったのである。陳宮は東郡の人で、曹操を東郡・兗州に迎え入れた者の一人で、地方勢力を代表する人物であった。かれらの反乱に郡県の呼応するものがおおかったというのは、地方勢力の背反があったのであり、曹操の州内統治が安定していなかったことを物語る。

これは曹操が徐州に兵を出しているおりでもあったから、兗州領内では程昱《ていいく》と荀彧が守っていた鄄《けん》城と、范《はん》と、東阿と、わずかに三都市（いずれも山東西部）が動揺しなかっただけであった。程昱は東阿の人であり、曹操が兗州を領有するとその臣下となり、荀彧とならんで参謀の役をはたすことになる。

曹操は徐州から帰還したのち、呂布とのあいだに死闘をくりかえした。曹操が呂布の兵に捕らえられたこともあったが、その兵は操とは知らず、「曹操はどこかね」と尋ねたので、操はとっさに「黄色の馬に乗って逃げていくのがそれだ」というと、兵は操をほったらかして黄馬を追っていったので、曹操は助かったという話もある。袁暐《えんい》の『献帝春秋』という本に伝えられる話であるが、あいかわらず機知にたけた曹操のエピソードである。最後に呂布は敗れて東方の劉備のもとに走った。張邈は袁術に援助を求めたが、途中で部下の兵に殺された。陳宮は呂布と行動をともにし、のちに呂布といっしょに捕らえられて殺された。兗州の乱が平定されたのは、翌年（一九五）末のことであったが、このとき、董卓の束縛を脱した漢の天子から、曹操は正式に兗州牧を拝することになった。

曹操の機知と悪知恵

機知にたけた曹操のエピソードを、ついでにいくつか紹介しよう。機知と悪知恵とはなかなか区別がつかないものだ。あるとき戦場で水がなくなって、兵士たちは渇《う》えに苦しんでいた。曹操はいった。「前に大きな梅林があるぞ。実がたくさんなっていて甘酸っぱい。喉の渇《かわ》きをいやせるぞ」。兵士たちはこれを聞いてみなよだれをたらし、これに乗じて前方の水源にたどりつくことができた。

曹操はあるときいった。「人がわしに危害を加えようとすると、わしはいつも胸騒ぎがするのだ」。そこで側《そば》の召使いにいった。「おまえは刀をしのばせてそっとわしの側に来い。わしはかならず胸騒ぎがしたといって、おまえを捕らえて処刑させよう。おまえはただ黙っていればよい。あつく褒美をとらせよう」。捕らわれた者は真に受けて安心していたが、そのまま斬られてしまった。この人は死の瞬間まで気づかなかった。左右の者たちはほんとうだったと思い、謀反気のある者は怖《お》じけづいた。

曹操はいつもいっていた。「わしが眠っているときには近づくなよ。近づけば斬りつけるが、自分では無意識でやるのだ。左右の者は気をつけるがよい」。のちに眠ったふりをしていると、寵愛している美人が、そっと布団をかけた。そこでたちまちこれを斬り殺した。これよりのち曹操は安心して眠るようになり、あえて近づく者はいなくなった。以上いずれも『世説新語』仮譎《かきつ》篇に載るものである。曹操が冷酷なだまし屋であることをしめそうとする噂話であるが、曹操の一面をついているにはちがいない。

3　曹操、漢の天子を戴く

毛玠の提言

曹操が兗州牧となったとき、その役人であった毛玠《もうかい》は、次のように提案した。

「よろしく天子を奉じて、いままで従ってこなかった者にも命令をくだし、農耕に力をつくして、軍資を畜えておくようにしなければいけません。このようにしてはじめて、天下を制覇して王者となる道が開けるでしょう」。（魏志毛玠伝）

これは兵を用いるには大義名分が必要であることと、財政的基礎を確立する必要があるということを主張したものである。曹操はこれを聞いて、まず長安に使者を派遣した（同鍾《しょう》繇《よう》伝）。これから漢廷との連絡がつくようになったが、当時は兗州自体がまだ安定しない状態にあり、この提言が実現される条件はなかった。

董卓の死と漢廷の動き

これよりさき初平二（一九二）年、長安にうつった董卓は、あいかわらず専横のふるまいがおおかったので、翌年、献帝側近の司徒王允《おういん》は、武将の呂布をさそって董卓を暗殺させた。董卓の死は大勢の人を喜ばせた。長安の民衆は大通りにくりだして狂喜乱舞した。卓の死体はその大通りに曝しものにされた。肥満した卓の死体からは脂肪が流れ出ていたので、誰かがその臍に芯をさして火をつけたところ、それが明け方まで燃えつづけたなどという話が伝えられている。

しかし王允や呂布らは、董卓の部下の涼州人とあわなかった。王允は董卓の将の李傕《りかく》・郭汜《かくし》らに殺され、呂布は戦い敗れて、中原地域に逃亡した。それを迎え入れたのが曹操に反旗をひるがえした張邈らで、それ以後しばらく呂布は、曹操・劉備らを翻弄することになる。

前述のように曹操の領内から劉備の領内に走った呂布は、劉備を破って徐州刺史と自称した。呂布は戦争には滅法強くても、粗暴で部下の信頼をえられぬところがあり、最後には曹操に捕らえられて殺されることになる。後日のことである（建安三〈一九八〉年）。

さて長安は李傕・郭汜らに支配されていたが、かれらに反抗したのが、白波賊《はくは》（黒山賊の仲間の山賊）出身の楊奉・韓暹《かんせん》・胡才・李楽らで、献帝は楊奉の陣営に逃げこんで、李傕らを撃ち破った。楊奉と献帝側近の董承《とうしょう》らは東方への帰還をはかったが、楊奉らはまず白波賊の根拠地に近い山西南部の安邑《あんゆう》にこれをうつした。このとき山西にいた南匈奴の援助をもえた。しかし白波賊のあいだの内紛がおこったので、楊奉・董承らは献帝を洛陽にもどすことにしたところ、これを真っ先に迎え入れたのが曹操であった。

曹操の天子奉戴

後漢の天子を奉戴して天下の覇者になることは、はやくから操の部下の毛玠によって主張されていたことである。しかしこの段階になっても、部下のなかに天子の奉戴に異論を唱える者があったが、荀彧・程昱らのつよい勧告によって、曹操も決断をくだすことができた。曹操はまず献帝の進路を阻んでいた汝南・潁川の黄巾数万を撃ち破り、その衆を配下に収めた。献帝は操を建徳将軍・鎮東将軍に任じ、費亭侯《ふっていこう》に封じたが、この爵位が曹騰・曹嵩以来の名称を踏襲しているのは興味深い。この段階においても、曹操をかつての朝臣の後継者ととらえているのである。曹操は洛陽で献帝に目どおりし、司隷校尉・録尚書事（警視総監と首相を兼ねたような役）に任命されて大権を掌握することになった。

しかし洛陽はあまりに破壊されつくしていたので、はやくから曹操に通じていた廷臣の董昭らの提案によって、洛陽より東南の許県（河南省許昌市東方）に都を遷《うつ》した。曹操はこのとき最高位の大将軍となり、武平侯に封じられた。この年は建安《けんあん》元（一九六）年と改元された。『後漢書』孝献帝紀には、この年の正月に改元がおこなわれたことになっているが、実際にはこの年六月の洛陽帰還か、曹操の実権掌握ののちに改元がおこなわれたのではないだろうか。ともかくこれ以後、献帝が曹操の子の曹丕《そうひ》に位を奪われるまで、建安の年号が続くことになる。

曹操は献帝を迎えて許に都してから、これまで献帝の周囲にあったさまざまな勢力を粛正し、あるいは自滅させた。はじめ側近で動いていた白波賊武将の楊奉と韓暹とは、徐州・揚州方面に追放され、劉備に殺されることになった。同じく白波賊出身の胡才は怨恨から殺され、李楽は病死した。廷臣の董承は生き残ったが、しばらく後に処刑されることになる（後述）。翌建安二（一九七）年、謁者僕射の裴茂《はいも》を派遣して関西の諸将を統率し、董卓の部将の李傕を処刑し、その三族を皆殺しにした。もう一人の部将の郭汜は、配下の将の五習に襲撃されて、郿《び》（長安の西方）で死んだ。李傕らとともに呂布を攻撃し、董卓の仇を討った張済は、兵糧の欠乏に苦しみ、南陽にいって略奪をはたらいた末、この方面の住民に殺された。その族子の張繡《しゅう》がその兵を受けつぎ、後に曹操を苦しめることになる。はじめ李傕らに協力していた韓遂《かんすい》と馬騰《ばとう》は、涼州（甘粛）に帰って、たがいに戦いあった。騰は一時廷臣となったが、子の超が韓遂や関西の諸将と反乱をおこし、曹操の討伐をこうむった。韓遂は部将に殺され、馬騰は超に連坐して、三族皆殺しになった（以上魏志董卓伝）。

以上の結果、曹操はほとんど掣肘《せいちゅう》をうけることなく、献帝を自由に操ることができるようになった。献帝は曹操のロボットにすぎなかったが、なお漢王朝の権威は諸地方の名族のあいだに存続し、曹操の地方平定と支配に多大の影響をおよぼした。曹操が漢の宮廷からうけた位は、天下に命令する最高の地位であり、かれはこれを名目的なものから実質的なものに高めていき、群雄統合に大いに役立てた。

群雄の天子奉戴の試み

天子を迎えることは他の群雄とて考えなかったわけではない。袁紹の臣下の沮授《そじゅ》は、まだ董卓が生きていた時代に、天子を長安から迎えて天下に号令するよう提案した。袁紹はこれにしたがって長安に使者を派遣したが、董卓との反目を深めただけで終わった。献帝が長安から山西まで出てくると、袁紹は部下の郭図《かくと》を派遣した。郭図は帰ってくると、献帝を袁紹の根拠地の鄴《ぎょう》に迎えてはどうかと提案したが、決断できなかった。袁紹はさきに献帝を擁立しようという董卓の提案に反対していたし、献帝側近の廷臣らに制約をうけるのを嫌ったのだという（曹操が献帝を迎えてから、その側近を粛正したことは前述した）。曹操が漢廷を握ったのち、袁紹に太尉の位を贈ろうとしたが、袁紹は曹操の下位に甘んじようとはしなかったので、大将軍の位を袁紹に譲ったという。操自身は司空となり、行車騎将軍で我慢したが、しょせん位は名目的なものであった。

陶謙も徐州の役人となっていた王朗らから、王命をうけるよう進言されて、使者を長安に送り、安東将軍に任命された（魏志王朗伝）。この行動は曹操の兗州時代の使者派遣と同様に、早い時期のものであり、兗州・徐州は戦乱のなかにあって、この官職はあまり意味をもたなかった。陶謙はまもなく病死したが、曹操は機の熟するのを待ってあらためて行動に出た。なにごとも時機が重要なのである。

これらにたいし袁術は北方の漢廷に対抗して、自ら皇帝の位に即いたが、それはすでに統治能力を失っていた袁術の最後のあがきにすぎず、まもなくかれの病死によってその政権は崩壊してしまった（建安四〈一九九〉年）。

4　屯田制の実施

屯田創設のいきさつ

さきの毛玠の提言には、天子奉戴のほかに、「農耕に力をつくして、軍資を畜わえておくように」という一項もあった。これがまた天子の奉戴と同時に実現された。武帝紀の建安元

年条に、

「この歳、棗祗《そうし》・韓浩等の議を用いて、始めて屯田を興す」

とあるのがそれである。

このときのことを王沈の『魏書』は、

「戦乱が続くなかで、群雄らはみな兵糧の補給に苦しんだ。河北の袁紹は桑の実を軍人の食料とし、袁術は江淮で蒲やはまぐりを取って食料を補給した。民衆はたがいの肉を食いあい、むらむらは荒れはてて空っぽの状態だった」

とのべ、曹操の屯田もそのなかから出現したとしるしている。

このとき屯田を提案したという棗祗は、もと陳留太守で、この当時は羽林監、韓浩はこの提案ののちに護軍に任命された。『魏武故事』にのせる曹操の布令（魏志任峻《じんしゅん》伝注所引）に、この屯田創設のいきさつが比較的くわしく言及されている。すなわち操は天子を奉戴する直前に、潁川・汝南の黄巾を討っているのであるが、最初の屯田はこの黄巾からえた「資業」（田土・耕牛・農具等）をもって始められたのだという。場所は都と定められた許県の周辺、潁川黄巾の拠点があった処である。

屯田の経営

さて屯田を始めるにあたって、論者たちは農民のもつ牛の頭数を数えて、穀物を納入させるよう主張した。それにたいし棗祗は、そのような定額賦課では納入額が増えないから、「分田の術」に拠るべきだと強調した。これはいわゆる刈分け小作で、晋代のある役人の言によると、魏・晋の官田では、官牛を借りて耕作する者は収穫の六分を、私牛をもって耕作する者は五分を官府に納めたといわれている。曹操は棗祗の案を採用し、かれを屯田都尉に任じて、屯田を管掌させたという。

屯田の官吏については、『続漢書』百官志大司農条の注に『魏志』を引いて、典農中郎将・典農都尉・典農校尉・校尉丞等があったとしている。屯田が中央の大司農に所属したことは、魏でも漢代と同じであった。漢代の屯田の官については、農都尉・典農校尉等の名が知られているし、漢末陶謙が開いた屯田には、典農校尉がおかれたという（藤家禮之助『漢三国両晋南朝の田制と税制』）。しかし屯田都尉の名はみえない。後者の名は曹操時代には他にもみえるが、典農都尉のことであろうともいわれている。最初の屯田設置のとき、それまでも軍糧補給を任としていた任峻《じんしゅん》が、典農中郎将となったという記事があるから（前掲任峻伝）、棗祇はその副官の地位にあったのであろうか。ただし石井仁は棗祇が早死にしたので、その後をついだのが任峻だとしている。典農校尉以下の典農部の属官には、典農司馬・典農功曹・典農綱紀・上計吏・稲田守叢草吏等の名が伝えられている（鄧艾《とうがい》伝）。

屯田制とは別に、司馬朗（司馬懿《い》の兄）が井田制を復活すべきだという議論を展開したことがある。

「いま大乱の後をうけて、民人が分散し、土地の主人がいなくなり、皆公田と為っています。どうかこの情勢を利用して、井田制を復活していただきたい」（魏志司馬朗伝）

このように人々が土地を離れて流民となり、土地がみな公田となっている状態は、屯田制の施行を可能にした条件でもあるといってよい。中国では無主の地は公田と称して、国家の支配下に入る慣行になっている。屯田の土地はこの種の公田をあてればよかったのである。

また屯田の耕作者は、「屯田客」とよばれ、所有地を失った農民（流民）をあてたのであるが、それらは応募が原則であった。しかし実際には強制的にわりあてられて逃亡する者もあったらしい（同袁渙《えんかん》伝）。屯田客の管理については、「屯田都尉二人を置き、客六百夫を領せしむ」（同梁習伝）という記事もあるから、かれらを一定数の集団に分けて、屯田官が分掌していたものと思われる。屯田官は中央政府直属で地方の郡県に属しなかったため、一般人民が逃亡して、屯田官の保護をもとめてくる場合もあった（魏志賈逵伝）。そもそも屯田は郡県支配の弱体化から生まれたものであり、屯田客は流亡農民をあてたのであるから、屯田制と郡県民支配とは本来対立する存在であったのである。

屯田客の負担

屯田客の主要な負担は、収穫の五、六割を国家に出すことにあったが、そのほかに一般郡県民と同様な税役を負担したかどうかが、研究史上問題にされてきた。魏末この屯田制が廃止されたとき、『魏志』陳留王奐《かん》紀咸熙《かんき》元（二六四）年条に、

「この歳、屯田官を罷め、以て政役を均しくせしむ」

という記事があるので、「政役」すなわち国家への負担が、屯田客と郡県民とでは同じでなかったことが明瞭である。西嶋定生は郡県民の負担が、田租・戸調・徭役・兵役であるのにたいし、屯田客は佃科《でんか》（小作料）のほかに徭役を負担したとする（『中国経済史研究』）。しかし徭役のほかに兵役を負担したとする説もあり（高敏『魏晋南北朝社会経済史探討』）、その徭役・兵役は郡県民より軽かったとする説もある（鄭欣『魏晋南北朝史探索』）。またそれらの役

は特殊な時期のもので、本来佃科のほかに負担はなかったとする説もある（張大可『三国史研究』、馬植傑『三国史』）。屯田客の佃科はそれだけで相当重かった。むろん一般郡県民の租税とは比べものにならないのであるが、土地に縛られて移動が自由でない反面、土地の保有と農業生産が保証されているのであるから、戦乱のこの時代、前記のように屯田官の保護をもとめる郡県民もあったのである。

上掲の『魏書』には、

「民を募って、都の近くに屯田を開き、穀百万斛《こく》を得た」

としるしている。これによって鄭欣《ていきん》という学者は、許県における初期屯田の規模を推測している。上記の晋代の官田の例から考えて、一〇〇万斛《ごく》（斛は石《こく》と同じ。当時の一斛は二六・七キログラム位といわれる）の収入をえるための総生産量は、一八〇万斛ないし二〇〇万斛であろう。一畝《ぽ》（畝は中国の耕地面積の単位。当時の一畝は四・五ないし五アールといわれる）に三斛を産すると仮定すると、全耕地面積は六〇万畝ぐらいであったと考えられる。鄭氏はさらに晋の土地制度の占田・課田などの例から一戸の耕地を七〇畝と見積もって、屯田客は八〇〇〇余戸を要したと計算している（鄭欣前掲書）。筆者は一戸の耕地面積を、もうすこしすくなく見積もってもよいのではないかと考える。

民屯田と軍屯田

このときの屯田制の施行は、軍糧の欠乏に対応したものであり、それが一定の成果をあげたために、その後各地に設置されるようになった。上記の『魏書』などは、屯田制が各地にひろめられて、糧食が各地で蓄積されていくにしたがって、軍糧が増産されただけでなく、軍糧輸送の苦労がなくなった点を指摘している。このような観点からみれば、軍屯田の創設も重視されなければならないだろう。それは兵士を指揮して、軍が直接田土を経営し、且つ耕し且つ守る方式であるが、魏では比較的遅くはじまった。

民屯田と軍屯田の分布をみると、民屯田は許・洛陽を中心として、現在の河南省北中部・河北省南部・陝西省東部・山西省南部に集中しているのにたいし、軍屯田は淮河流域・陝西省西部・河北省北部に分散している（西嶋定生前掲論文）。前者は曹操政権および魏王朝の直接的な財政基盤であるのにたいし、後者は呉・蜀および北方民族防衛のための前線基地である。魏末、魏帝室と司馬氏との対立が激化するなかで、魏の財政基盤であった民屯田は廃止され、後発の軍屯田の方が司馬氏の晋王朝に継承されていくことになる。

魏王朝末期の屯田では、屯田官が商業にも従事したことが伝えられている。しかもその行為は屯田官の私的なものではなく、その収益は屯田官の役所に入ったと思われる。このように公共の役所が各種の収益事業に携わることは、今日の中国でも認められていることである。ともかくこのことから私どもは、軍糧補給という初期屯田の目的が、あるいは一般財政補給に変わってきているのではないかと想像できるのである。

屯田制と兵戸制の共通基盤

最後に、屯田制と先述の兵戸（士家）制度との類似の関係を指摘する意見もある。いずれも中央集権的な制度が弛緩して、伝統的な租税徴収や兵士徴発がままならない状態が、発生したところから創られた制度である。さきに指摘された民衆流亡の状況が背景にある。そのなかで前者は国家直属の税糧（とくに軍糧）提供者を創設するものであるが、後者は国軍の兵士の供給源を確保するための政策であった。屯田制も兵戸制も魏晋南北朝の多くの王朝を通じて実行された。

赤壁鏖兵
孔明
孔明祭風

赤壁の戦い（元至治本全相平話三国志）

四章　官渡の戦いから赤壁の戦いへ

1　官渡の戦い—袁紹を滅ぼし、華北の覇者となる—

曹操と袁紹の比較

曹操が天子を擁して群雄に号令するようになると、のこった強敵は袁紹《えんしょう》であった。袁紹と曹操と、どちらが覇者となるかという競争であった。曹操が天子を擁立しているという名分をもっていたのにたいし、袁紹は家門の名声のうえに、天下の大郡冀《き》州を領有していた。袁紹はさらに北方の競争相手であった公孫瓚《こうそんさん》を滅ぼし、長男の袁譚《たん》に青州（山東）を、次男の袁熙《き》に幽州（河北）を、甥の高幹に并州（山西）を支配させて、大領土を形成した。

袁紹と曹操とを比べると、一般的には領土の広さ、兵力の大きさ、人材の豊富さ等からいって、曹操は袁紹の敵ではないと思われていた。漢廷の臣下として、感情的には曹操から距離をおいていた孔融は、荀彧《じゅんいく》にむかって次のようにいったという。

「袁紹の地は広く、兵は強い。田豊・許攸《きょゆう》らの知恵者がいて、参謀となっている。審配《しんぱい》・逢紀《はうき》らの忠臣がいて、国事をおこなっている。顔良・文醜《ぶんしゅう》らの勇士がいて、その兵を統《す》べている。まず（曹操が）勝つことは難しいだろうな」

これにたいして荀彧はいった。

「袁紹の兵は多いが、軍法が整っていません。田豊は強情で上にさからい、許攸は貪欲で身持ちがよくありません。審配は独断的で計画性がなく、逢紀はむこうみずで自分の考えだけで動きます。この二人を留守において後の事をまかせています。もし攸の家族が法律を犯せば、放っておかないでしょうから、攸はかならず謀反をおこすでしょう。顔良と文醜は一夫の勇にすぎず、大将としての器ではありません。一戦して捕らえることができるでしょう」

曹操自身が袁紹を批評した言葉も伝わっている。

「私は袁紹の人となりを知っている。志は大きいが智恵は少なく、顔つきは厳しいが肝は小さく、自分に勝りそうな者をねたんで威厳に乏しい。兵は多いがけじめがはっきりせず、大将たちは威張っていて命令が一貫していない。土地が広く糧食が豊かだといっても、結局私の手中に入り、私への贈り物になるだけだろう」

このほかに袁紹個人と曹操個人との人物比較もおこなわれている。曹操の袁紹評も荀彧あたりの両者比較論と似た点がある。これらについては後章で論じたいので、ここでは省略する。ただ現在伝わっている比較論は、いずれも曹操陣営側のものであるが、それは結果として曹操が勝ったため、曹操側内部の資料が残されたからであろう。実際には袁紹側でも、一般社会においても、両者の比較は興味ある課題として、かなりひろくおこなわれたものと思われる。衆目の見るところ、両者の対決によって天下の動向が決まるのは、あまりにも明白なことであったからである。

官渡の戦いの前夜

さて袁紹はまずその大領土から精鋭の歩兵十万・騎兵万騎をえりぬいて、許都を攻撃しようとする態勢をつくった。曹操はこれにたいし、許都から北方、黄河に近い官渡《かんと》（河南中牟《ちゆうぼう》付近）に防塁を築き、袁紹の南下を待ちうけた。この官渡で天下分けめの戦いがおこなわれることになるのであるが、その前哨戦として張繡《ちようしゆう》および劉備との戦いがある。

張繡は、さきに曹操が漢廷側近の粛正をはかったときに、南陽方面で殺された張済の従子（おいもしくはそのいとこ）で、その兵をうけつぎ、劉表・袁術と手を結んで（袁術はその過程で死んだ）、宛《えん》県（南陽）に駐屯していた。曹操はこの戦いでたいへん苦戦し、長男の曹昂《そうこう》を失った。馬を父に譲って戦死したのである（このために曹操は丁夫人と別れるはめになった）。しかし張繡は将来をみこして、建安四（一九九）年十一月曹操に降伏した。翌月曹操は官渡に軍を進めた。

建安五（二〇〇）年正月、献帝の廷臣中の重鎮董承《とうしょう》が陰謀をはかったというので処刑された。曹操は天子を擁したといっても、その専権を心よく思わない者が漢廷のなかに残っていたから、曹操は腹背に油断ならない勢力を抱えていたのである。董承の処刑は、袁紹と対決する前に、その問題を解決しておこうとしたのであろう。

董承の陰謀には劉備も加担していたといわれる。さきに劉備が呂布《りょふ》に追われて曹操のもとに逃げ込んできたとき、劉備を油断のならない人物とみた程昱《ていいく》は、備を始末するよう進言したが、曹操はいまは英雄を収攬する時期だから、一人を殺して天下の人心を失ってはならないと答えて、劉備を受けいれた。その後袁術と呂布を討つため曹操は劉備を派遣した。今度も程昱と郭嘉《かくか》は劉備を自由にしてはならないと反対したが、備の出発した後でまにあわなかった。はたして劉備は徐州を占拠して居すわってしまった。曹操は備を討ちに出兵しようとしたが、臣下たちは袁紹に背後をつかれる心配があると反対した。曹操は、

「劉備は人傑だ。いま討たなかったならかならず後に災いを残すだろう。袁紹は志は大きくても、事をおこすのは遅いから、かならず動くまい」

といって出兵した。

曹操が出兵したという報告を聞くと、袁紹の策士の田豊は、いまこそ曹操の留守をつくときだと進言したが、袁紹は子供の病気を理由にいうことをきかなかった。田豊は杖で地面をたたいてくやしがった。曹操は劉備を破り、その妻子と関羽を捕らえて凱旋した。劉備は袁紹のもとに走った。

官渡の戦い

二月、袁紹はいよいよ動き出し、大軍を黄河に近い黎陽《れいよう》（河南北部浚《しゅん》県）に駐屯させ、将軍の顔良を派遣して、黄河の対岸の白馬《はくば》（滑《かつ》県）を攻めさせた。もう一人の策士の沮授《そじゅ》が、

「顔良は性格がせせこましく、勇敢ではありますけれども、かれ一人に任せてはいけません」

と諫めたが、袁紹は聞きいれなかった。一方曹操の陣営では荀攸《じゅんゆう》が、

「いま当方は兵が少ないから、袁紹の軍勢を分散させなければ勝てません。殿は延津《えんしん》（白

馬の西方、現延津北方）から黄河を渡って敵の後ろをつくような格好をみせれば、紹はかならず軍を西方に向けてこれに応じようとするでしょう。そのすきに軽兵をもって白馬に急行し、不意をつけば、顔良を生け捕りにできるでしょう」

と献策した。戦況はそのいうとおりになった。曹操は白馬に急行し、関羽らを先陣にして、顔良を撃破しこれを斬りすてた。

顔良を討ち取ったのは関羽だといわれる。さきに劉備が徐州で敗れたとき、関羽は捕虜になったが、曹操はこれに爵位を贈って手厚くもてなした。しかし関羽は劉備との関係を忘れなかったし、曹操も関羽がながく麾下に留まらないであろうことを知っていた。そこで顔良を討ち取ったのち、曹操への恩返しをはたした関羽は、袁紹側にいる劉備のもとに走った。曹操も「人にはおのおのその主があるものだ」といって、これを追わなかったという。

曹操が白馬から黄河に沿って西に移動すると、袁紹はその後を追って黄河を渡り、延津の南方で、劉備と文醜に挑戦させた。曹操はこれを破り、文醜を斬りすてて、官渡に還った。袁紹は顔良・文醜の二人の名将を失った。沮授がここでもまた、

「北の兵は数が多いが、勇敢さでは南にかないません。南は穀物がほとんど無く、貨財

も北に及びません。南は短期決戦を有利とし、北は持久戦に有利です。ゆっくり構えて、月日を待つのがよろしいでしょう」

といったが、袁紹はとりあわず、ただちに官渡の決戦に入った。

八月、袁紹は大軍をもって官渡の前面に布陣し、高いやぐらや土の山を築いて、城中に矢を射込むと、曹操は投石機を造らせて、袁紹側のやぐらを破壊しようとした。袁紹はまたトンネルを掘って地下から近づこうとしたが、曹操は塹壕を掘ってこれを防ごうとした。また袁紹軍の輜重を急襲して兵糧を焼いたこともあった。しかし多勢に無勢、食料は欠乏し、袁紹側に逃げる者も出て、しだいに曹操側は不利になった。曹操も官渡を棄てて許都に退却しようかと弱音をはいたが、荀彧は、

「いまこそ天下分けめの大事なときです。軍食が少ないといっても、むかし項羽と劉邦が滎陽《けいよう》と成皋《せいこう》のあいだで対陣したときほどではありません。そのとき劉邦も項羽も先に兵を退こうとはしませんでした。先に退く者が負けになるからです。殿は十分の一の軍勢で陣地を守っており、袁紹の喉元をしめつけて前進できないようにして、すでに半年たっています。そのうちに情勢が変わるときがくるでしょう。そのときを逃がしてはな

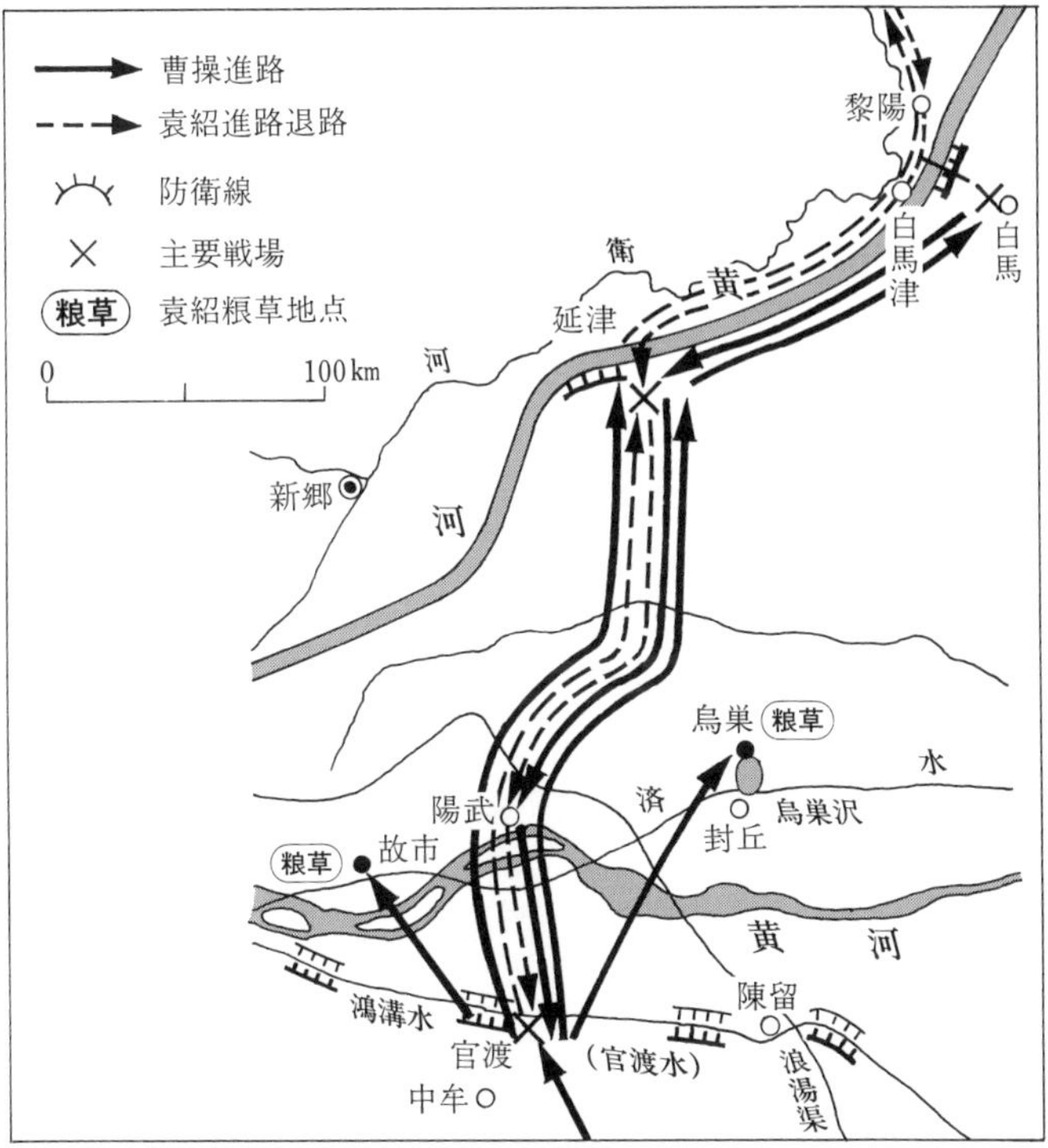

官渡の戦い（郭沫若主編『中国史稿地図集』に拠る）

りません」

と励ました。

　十月になって、袁紹は大量の兵糧を北方から運ばせ、万余人の軍勢をつけて、烏巣《うそう》（現延津付近）という処に駐屯させた。このとき袁紹の参謀であった許攸が、待遇に不満をもって投降してきて、兵糧の所在を暴露し、これを攻撃するよう進言した。曹操は自ら五千の兵をひきい、袁軍の旗を掲げ、口に木片をくわえさせ、馬の口をしばって、夜、間道から烏巣に到着した。兵たちは持参した薪に火をつけて、軍営と兵糧を焼いた。袁紹は曹操の留守にした官渡の陣営を攻めようとしたが、兵たちは烏巣の敗戦を聞いて総崩れとなり、袁紹は長子の袁譚とともに、黄河を渡って逃走した。

戦後の処理と事件

このとき、曹操方は、兵士七万余人を斬首したとか、八万人を穴埋めにしたとか伝えられる。これが戦争の継続としておこなわれたのか、捕虜の処置としておこなわれたのか知らないが、敵兵の穴埋めは、黄土の性質と地形を利用して、戦国時代以来実行されてきた。曹操にかぎらず、このような処置に疑問をもつ者は当時はいなかったにちがいない。曹操の前半期においては、青州黄巾軍を吸収したり、潁川黄巾の衆を屯田設置に利用したりして、大いにその効果をあげたのであるが、袁紹の兵士についてはもはや吸収する余地がすくなかったのかもしれない。

他方、戦利品として押収された書類のなかからは、許都や曹操の軍中から袁紹にあてた手紙がたくさん出てきた。曹操の敗北をみこして内通したものであるが、曹操は開封しないでみな焼き捨てさせたという。曹操自身さえ一時は敗戦を覚悟したのであるから、そのような行為をやむをえないとみる寛容さをかれはもっていたのである。この際曹操は人材（士大夫・知識人）の必要性をよく理解していたのであり、こうでもしなければ君臣関係を維持できないと考えたのかもしれない。

はじめ袁紹が出兵しようとすると、田豊は次のように進言した。

「曹公は兵を動かすのが上手で、千変万化きりがありません。兵数は少ないといっても、あなどることはできません。持久戦に持ち込むにこしたことはありません。将軍は自然の要害に拠り、四州の軍衆をかかえ、外は英雄と手を結び、内は農事と兵事とを整えて、それからそのなかの精鋭を選び、奇襲部隊に分けて、虚をついて交替で出撃させて、河南を混乱させます。……（こういうゲリラ戦をやっていれば）二年もたたないうちに、いながらにして勝利できるでしょう。いま廟堂で策をめぐらすのをやめて、勝敗を一戦で決定されようとしていますが、もし思いどおりにならなかったならば、後悔しても追いつきません」

これもさきの沮授と同じ持久戦のすすめであるが、やはり袁紹の聞きいれるところとならなかった。豊があまりにしつこく主張したので、紹は怒って兵の士気をそぐものとみなし、これを投獄した。紹の軍が敗れたので、ある人が「君はかならず重んぜられるでしょう」というと、田豊は「もし戦いに勝ったのならば、私も生きていられようが、いま戦いに負けたとなると、私は殺されるだろう」といった。袁紹は還ると、側近の者に「わしは田豊の意見を聞かなかったばかりに、笑い者にされるはめになった」といい、田豊を殺してしまった。

沮授は袁紹の陣営にいて、袁紹らの渡河にまにあわず、捕まって曹操の前に引き出された。曹操は沮授に説いて、君といっしょに天下の経営をなしとげたいものだといったが、沮授は

「叔父も母も弟も袁氏に生命を預けています。もし公の思し召しを蒙るならば、早く死なせていただければ幸いです」

といった。曹操の意志に反して、どうしても袁紹のもとに還ろうとしたので、曹操も殺さざるをえないはめになった。

袁紹と曹操が官渡で死闘しているとき、袁紹の郷里の汝南郡では、汝南の黄巾の劉辟《りゅうへき》らが兵を挙げて、曹操の背後を脅かした。袁紹は劉備を派遣して劉辟と協力させた。官渡の戦いが終わると、曹操は劉備を討とうとして、軍を南にまわしてきた。劉備は袁紹のもとを離れて、荊州の劉表に帰属しようとした。劉表は劉備を迎え、新野《しんや》（河南南部。劉表の領土の北

端）に駐屯させて、北方の守備と情報収集にあたらせた。劉表は漢末清流番付のなかの八俊に数えられた人物である。その領土が華北の中心部からいささか偏っていたために、中原の戦乱を逃れてきた名士がおおく居住していた。そのなかに諸葛亮（孔明）もおり、劉備との主従関係が成立することは周知のことである。

2　華北の統一と税制改革

華北中心部の荒廃

建安七（二〇二）年、曹操は郷里の譙《しょう》県に帰ってみた。そのとき出した布令に、次のような個所がある。

「私は義兵を起こしてより、天下の為に暴乱を除いた。ところが旧土の人民は、ほとんど死に絶えて、国中をまる一日歩いても、知りあいに一人も出会わない。その悲惨な状態には胸を痛めるばかりである。それで義兵を挙げて以来、将校・兵士が戦死して跡継ぎのない場合、その親戚を捜し出して後をつがせよ。その者には土田を授け、官から耕牛を支給する。また教師をおいて子弟の教育にあたらせる。跡継ぎがいる場合は廟を立て、その先人を祭らせよ。戦死者に霊魂があってこれを見守るならば、百年の後にも恨むところがないであろう」

荀彧は潁川の潁陰《えいいん》というところの人であるが、かつて父老たちに、

「潁川は四方から戦争をしかけられる地勢です。天下に乱が起こったならば、いつも戦乱の中心になることでしょう。なるべく早くこの地を立ちのいて、残留する者のないよう処置すべきでしょう」

とすすめたが、人々は郷里に恋々として決心がつかなかった。やむなく荀彧は一族だけをひきつれて、同郡の先輩の韓馥《かんふく》をたよって冀州《き》に赴いた。袁紹が韓馥に代わってから袁紹に仕えたが、袁紹を見限って曹操に帰順したことは上述のとおりである。郷里に残った人々は、戦乱にまきこまれて殺されたり、略奪にあったりしたが、こういうのが当時中国中心部の一般的な状態だったのである。

曹操の郷里とてその例外ではなかった。かれは郷里のそういう状態をみて、祭祀が絶えぬよう配慮し、後を継ぐ者の産業・教育に援助の手をさしのべたのである。為政者の郷里への

施策は、当時天下の政治のモデルとみられたのであろう。

袁紹の死と冀州鄴の陥落

官渡の戦いののち、冀州のまちまちはおおくが反旗をひるがえしたが、袁紹はそれらをいくぶん取りもどした。しかし敗戦後から発病し、この年の五月になって憂悶のうちに死んだ。袁紹はかねて美男の末子袁尚《えんしょう》を愛し、これを跡継ぎにしたいと願っていた。君主がこういうことを考えると、臣下はかならず二派に分かれて権力争いをはじめるものである。ことに袁紹の臣下たちはもともと河北出身者と河南出身者とから成っていて分裂しやすく、この場合も河南出身者の郭図らが長子の袁譚《たん》を支持したのにたいし、河北出身者の審配《しんぱい》らは袁尚を立てて、冀州牧を継がせた。

このようにして分裂した袁氏陣営にたいして、曹操は戦争を継続し、相当の苦戦ののちに、建安九（二〇四）年八月、冀州の州都の鄴《ぎょう》を陥落させ、審配を虜にした。ほかの袁氏の臣下は続々投降したが、審配は気概旺盛で、最後まで屈服せず、死刑に臨み、刑吏を北方に向かわせ、「我が君北に在り」と叫んで死んだという。袁譚・郭図らは別行動をしていたが、曹操は建安十（二〇五）年、清河（河北）を抜いてかれらを斬った。一方袁煕（次男）と袁尚は、烏桓族のもとに亡命した。翌年并州牧高幹は匈奴に援助をもとめてうまくいかず、荊州に逃亡しようとして捕らえられ殺された。

袁熙の妻の甄《しん》氏は絶世の美人として有名であった。鄴が陥落したとき、曹丕（後の魏の文帝）はいちはやくその屋敷に入り、甄氏をさらって我が物にした。曹操も思し召しがあったらしいが、この話を聞いて、「今年賊を破ったのは、ただやつのためだったか」と嘆いたという（『世説新語』惑溺篇）。曹丕については、曹操がなくなったとき、その宮女をみな取って傍らにおいたという話も伝わっている（同書賢媛篇）。

甄氏はのちの明帝を生んだが、文帝即位後別の女性らに寵が移ったのをみて、恨み言を言ったために殺された。甄氏については、曹丕と父の跡目を争った曹植もひそかにこれに恋していたといい、曹植の代表作「洛神《らくしん》の賦《ふ》」に出てくる洛水の女神は、彼女をモデルにしたものだといわれる。彼女が殺されたのは、文帝が曹植のこの気持ちを察していたからだという話もある。

一方で曹操は、袁氏との戦いが終わったこの際に、大いに論功行賞をおこなうことを忘れていなかった。建安十二（二〇七）年二月に出した布令に、

「私が義兵をおこし暴乱を鎮めてから、いまにいたるまで十九年、征伐する所みな勝てたのは、どうして私の功績といえようか。賢明な士大夫の力にほかならない。天下はまだ完全には平定されていないが、私はかならずこの賢明な士大夫らとともに平定しよう。だから私はその功労を独占して平然としてはいられない。よって急いで功績を決定して封爵をおこなえ」

とあり、功臣二十余人をみな列侯に封じ、順次封を与えて、戦死者の孤児にまで及んだという。

烏桓《うがん》征服と匈奴との交渉

古代中国の北辺には匈奴がおり、匈奴の東に東胡がいた。東胡は北の鮮卑《せんぴ》と南の烏桓とから成っていた。烏桓は漢に服属して、遼西・上谷・右北平《うほくへい》の三郡烏桓と、遼東属国の烏桓とに分かれていた。そして曹操の時代には、遼西烏桓出身の蹋頓《とうとん》がこれらを統率していた。かれらは幽州・并州の漢民十余万戸を捕虜にしてつれ去ったともいわれるが、実のところ中国北辺の戦乱を避けて、烏桓領内に逃げこんだ漢人もおおかったにちがいない。袁紹の領土は北方でこの烏桓に接していたので、その酋長たちに単于《ぜんう》の称号を与え、その子女を養女や妻としていた。その縁で袁煕や袁尚は烏桓に逃げこんだのである。

そこで曹操は烏桓族を攻撃する決意をかため、建安十二（二〇七）年、その本拠の柳城（現遼寧省朝陽）に通ずる海路を利用しようとして、運河を開いて準備をしたが、天候も悪く、烏桓兵の防衛も固かった。そこでかねて烏桓・鮮卑らの情勢をよく知っていた右北平の田疇《でんちゅう》の意見にしたがって、交通路として久しく放棄されていた山路から、柳城を急襲し、これを陥落させた。烏桓の単于らや、その援助をうけていた袁尚・袁煕らは、敗走して遼東の公孫康のもとに逃げこんだが、公孫康はそれらの首を斬って、曹操に送ってきた。曹操は主人を失った烏桓族を長城以南に移住させて、各地に散在するようにした。それによって曹操の直接の領土は長城地域にまで及ぶようになった（柳城方面は鮮卑に占領されたらしい）。

よけいな話であるが、だいぶ後のこと、この公孫康の子の公孫淵の時代に、倭国と交渉があったもようであり、淵が魏に滅ぼされるにおよんで、卑弥呼の魏への朝貢がはじまるのである。

匈奴は後漢の初め南北に分裂したが、後漢の末には南匈奴も分裂し、その一部が山西南部を占領していた。かれらは袁尚麾下の部将をたすけて、山西方面で曹操の北方経略を妨げようとした。そこで建安七（二〇二）年、曹操は匈奴の本拠の平陽（山西南部）を攻略した。これより匈奴が曹操に抵抗することはなくなった。

これよりさき建安元（一九六）年ころ、匈奴が献帝の洛陽東還に協力したことはすでにふれた（七六頁）。このとき長安以来李傕《りかく》・郭汜《かくし》の軍中に捕虜になっていた蔡琰《さいえん》が、今度は匈奴に連行されることになったのではないかと思われる。それ以来十二年のあいだ、彼女は匈奴の地にあったというから、郭沫若は彼女の帰国を、建安十二年か十三年と推測している。そのころ曹操が匈奴と接触したとすれば、松本幸男のいうとおり、右の烏桓遠征のおりである公算が大きい。このころ烏桓に略奪された婦女子も帰国させられている。

この蔡琰の運命は、漢代の王昭君とならんで、古来絵画や文芸の題材になったが、郭沫若は「蔡文姫」という戯曲を作って、彼女の帰国に尽くした曹操の功績をたたえ、それまで悪役とされてきた曹操の再評価をおこなうきっかけをつくった。郭沫若は、蔡琰が匈奴から帰国したとき作ったといわれる、「胡笳十八拍」という歌をたいへん評価しているが、これは一般には後人の作と目されている。これにたいし松本は彼女の「悲憤詩」を、そのときの情景や心情を歌ったものとして挙げている。

通説では曹操の末年に、南匈奴は五部に分けられたといわれ、資治通鑑はその時期を建安二十一（二一六）年としている。これによって、かれらの独立性はいったん失われたが、四世紀の初め、西晋の末に独立をめざして立ちあがり、五胡諸族蜂起の先陣をきることになるのである。

田疇の集団構造

曹操が烏桓討伐のため軍を送ったとき、道案内を買って出た田疇は、右北平地方の自衛団の指導者であった。かれははじめは幽州牧劉虞《りゅうぐ》の吏となり、幽州と長安との連絡の任に当たっていたが、幽州に帰ってみると劉虞は公孫瓚のために殺害されていた。そこで郷里の右北平郡下の無終（河北玉田）に帰り、徐無山という山のなかの盆地に、宗族・従者とともに住みついて、防壁（これを当時塢《う》とよんだ）を造ってたてこもると、数年のうちに帰順してくる者が五千家以上になった。

かれはそのなかの父老（民衆の指導者）にたいしてよびかけた。

「皆さんは私のような不肖な者のもとに、遠くから集まってきてくださって、都邑《まち》をつくるまでになりましたが、これを統一する者がいないでは、久しく安心した暮らしを続けるわけにいきません。願わくは賢い長者を選んで主としたいと思います」

これにはみな賛成して疇を選ぶことになった。そこで疇は父老たちの賛成をえて、「相殺傷・犯盗・諍訟《そうしょう》の法」をとりきめた。全部でわずか二十余条で、罪の重い者は死刑に処し、それ以下は順々に相応の罪に落とす。また「婚姻・嫁娶《かしゅ》の礼」を制定し、「学校での講授の業」をはじめるなどして、人々のあいだに施行すると、人々はみなこれを便利に思い、道に落ちている物も拾わないようになったと伝えられる（魏志田疇伝）。

これは自然的な集落に秩序をつくり、初歩的な政治社会をつくりだそうとする試みである。田疇もいっているのだが、こういう新しい社会では、場合によっては無法者が支配する場合もあるだろう。アメリカ西部の新開地で、政治的社会がつくられていく過程を想像してみるとよい。

一人のすぐれた者が統一しなければ秩序が成り立たないというのは、古代中国での常識である。それはやがて専制政治を生み出すのだが、初源的な段階では、それも民衆のなかから比較的民主的な手続きによって成立することがここでしめされている。この初源的な形態が、易姓《えきせい》革命（支配者の家を易《か》え、天命の下るさきを革《あらた》めて、新しい王朝を建てる行為）の思想的根源にもなっているのだと思う。

これまでのべてきたいわゆる群雄は、比較的大きな勢力で、他地方から移ってきて支配する場合が大部分である。その下方には田疇のごとき在地の小土豪ともいうべき、もっと民衆に密着した勢力が、かなりひろく存在したとみてよいのではないか。この後の五胡十六国時代の状況等を考えあわせれば、そのようなことが確実にいえるように思う（堀『中国古代の家と集落』）。

これらの小土豪らは、群雄にたいしてどういう態度をとったか。田疇の場合、袁紹の招きに応じなかったが、袁氏を滅ぼして勢力をのばしてきた曹操を無視することはできなかった。烏桓服従後、かれは「家属・宗族三百余家」をひきいて鄴に移り住んだ。これは家族らを質に差し出すことで服従を保証したのであるが、しかし曹操の与えようとする官爵を再三拒否し、無終の徐無山の山塞も存続して、曹操の完全な支配下には入らなかった。

それから二百年ばかり経って、詩人の陶淵明は田疇の人柄を慕って、次のような詩を詠んでいる。

「聞く、田子泰なるもの有り、　節義、士の雄たりと。　（子泰は田疇のあざな）

斯の人、久しく已に死せるも、　郷里、其の風に習う。
生きては世に高き名有り、　既に没しては無窮に伝わる」（「擬古九首」の一節）

陶淵明といえば、「桃花源《とうかげん》」という理想郷《ユートピア》を描いた人物である。この理想郷のモデルが、田疇の集落にあったと説く人もある。

土豪集団と曹操の親兵

曹操の強力な支配のもとでは、田疇のような綱渡りをすることは一般に難しかった。魏志は田疇伝の次に王脩伝を設け、青州（山東）の高密の豪強孫氏や、膠東《こうとう》（山東東部）の公沙盧《こうさろ》の宗族に言及している。孫氏の場合には人客がしばしば法を犯し、賊がかれの家に逃げこめば、役人は踏みこめなかったというし、公沙氏は防塁のなかに立てこもっていて、税役の徴収に応じなかったという。これらは小土豪の勢力が各地にあったことをしめしているが、田疇のような郷里に根づいた民主的な構造をとり、民衆の支持をえるまでにいたらなかったし、田疇のように政治的に行動する能力にも欠けていた。そのために王脩によって屈服させられてしまった。

李典は父の乾の時代から曹操にしたがって役人になっていたのであるが、郷里の乗氏（山東）にもかれらの命令を聞く宗族や「賓客数千家」があった。官渡の戦いのおりには、「宗族及び部曲（賓客・家兵）を率いて、穀帛（穀物や織物）を輸して軍に供」したというから、この穀帛は郷里の宗族・賓客によって生産されたものであろう。しかしかれはのちに「部曲・宗族三千余口」を鄴に移したといわれる。田疇の場合とくらべて、部曲までも移住させたというから、郷里から離れて曹操に従属していく度合いがつよいように思われる。

許褚《ちょ》は曹操と同郷の譙の人であり、魏志の伝に「漢末、少年及び宗族数千家を聚《あつ》めて、共に壁を堅くして寇を禦《ふせ》ぐ」とあって、一見田疇に似た郷里の自営組織のようであるが、田疇のような農民の組織化はおこなわず、任侠集団的な色彩が強かったように思われる。そのために郷里の防衛よりも、曹操の宿衛に編入されたが、「もろもろの褚に従う侠客、みな以て虎士《こし》（宿衛隊の名称）と為す」とあるように、もとの組織は解体されずに、そのまま曹操の宿衛の一隊を形成した。

臧覇《ぞうは》は仲間とともに兵を集めて、陶謙・呂布・曹操についたが、袁氏が滅んだ後、かれも「子弟及び諸将・父兄・家属」を鄴に移住させた。『魏略』に、曹操が死んだとき、「覇の所部及び青州兵おもえらく、天下まさに乱れんとすと、皆鼓を鳴らしてほしいままに去る」とある。臧覇の兵も曹操の宿衛に編入されたらしいが、旧主にひきいられたままの独立性をもっていたようである。許褚や臧覇の組織は、たしかに青州兵と同様に旧組織を温存しているが、曹操はその指導者と部下との緊密な関係を重視し、これを宿衛に配属し、曹操の親族に率いられた中軍の配下に入れた。

同様な中軍の宿衛兵としては、典韋《てんい》に率いられた兵がある。ただしかれは李典以下のような土豪というよりは、仇討ちなどによって豪傑のあいだに名を知られた任侠の士であった。はじめ張邈《ばく》の義兵に応募して才力を認められ、曹操の親族の夏侯惇《とん》の部下に入れられた。曹操が呂布と戦って苦戦していたとき、敵陣を陥れるために応募した勇士らを率いて目的を達した。曹操はこれを左右におき、親兵数百人をひきいて宿衛させた。これらの親兵は一騎当千、戦闘にも動員されてつねに先陣をつとめた。張繡が反したとき、典韋はこれらの兵士とともに壮絶な戦死をとげた。こういうのが典型的な曹操の親兵のありかたであろう。

ここでは田疇のような土豪が各地におおく存在したことを推定し、それらのうちめぼしいものは曹操の親衛隊に編入され宿衛にあてられたことをのべたが、田疇も曹操から官位をうければ、同様な待遇をうけることになったであろう。いうまでもなく曹操の親軍が土豪の軍隊からのみ成り立っていたわけではない。それは右の典章の例でも知られるが、ただそれが地方名士層でないことは共通している。魏志巻一七、一八には、右の李典以下をもふくむ中軍出身の将軍連の伝記が集められている。

田租・戸調制定の意義

曹操は建安九（二〇四）年冀州牧となり、令を下して河北の租賦を免除した。『魏書』にはその令文が載せられている。

「『国をもち家をもつ者は、寡《すく》なきを患《うれ》えず均しからざるを患え、貧しきを患えず安からざるを患う』という。袁氏の政治は、豪強を思いのままにのさばらせ、親戚には兼并《けんぺい》をゆるした。下積みの民は貧弱なのに、租税を代りに出させるから、家財を売っても命令に応じきれない。審配の宗族らは、罪人をかくまい、逃亡者の頭目となっていた。これでは人民が親しみ、兵力が強大になることを望んでも、とてもできない相談ではないか。そこで田租は一畝あたり四升（当時の一升は〇・二リットル前後といわれる）を収め、戸（家）ごとに絹二匹（匹は絹織物の単位）・綿《まわた》二斤（当時の一斤は二二一・七三グラム程といわれる）を出させるだけにせよ。このほかに勝手な徴発をしてはならない。郡国の守相は明確に

これを検察し、強民に隠匿させず、弱民に税をよけい出させることのないようにせよ」（武帝紀注）

一般にこのときから民衆の負担としては、一畝（前掲）ごとに四升の「田租《でんそ》」、一戸（家）ごとに絹二匹・綿二斤の「戸調《こちょう》」が決まったとされている。さきに屯田制は郡県制支配が十分機能しない状態のもとではじめられたのであるが、いまや袁氏の旧領を併せることによって、華北の郡県制支配を整備する必要を感ずるにいたったのである。

もっとも建安五（二〇〇）年ごろ、「戸調」の綿・絹をとった記事があり（魏志趙儼《ちょうげん》伝、唐長孺『魏晋南北朝史論叢』参照）、また同じころ、

「太祖始めて新科を制して州郡に下し、又租税綿絹を収む」（魏志何夔《かき》伝）

という記事もあるので、以前から河南地方では似たような税制がすこしずつおこなわれていたのであろう。冀州平定後にその施行地域を全国にひろめて、田租・戸調の額を確定したものとみてよいであろう。

このとき発布された租税制度は、税制の歴史のなかでみると、漢初以来の税制を改革する新制度として制定されたものである。曹操のはたした役割は大きいのである。漢初以来の主

要な税は、「田租」と「算賦《さんぷ》」から成っていた。田租は三十分の一とか十分の一とか時期によって違いはあるものの、収穫物の一定割合を出すように決められていた。算賦は人頭税で、これも時期や地域によって差があるものの、一般に成年男女一二〇銭で、未成年者には二三銭の「口賦《こうふ》」といわれるものが課せられていた。

しかし田租の場合、毎年各地の収穫をはかるのは難しい。実際にはあらかじめ地方ごとに田土の等級を決めておき、年の豊凶をみて課税額を決定したものとみられている（米田賢次郎「漢代田租査定法管見」）。それを曹操の新税制では、はじめから田土の面積に応じてかけられるようにした。これだとあらかじめ田土が登記されていればよいことになる。

算賦に代わるもうひとつの税制は、戸調《こちょう》とよばれて課税の対象を人から戸（家）に移したこと、貨幣納から物納に変わったことに意義がある。前者については、国家の人身把握が戸当把握に後退したことを指摘する意見があるが、たしかにこの時代になると人口の把握は難しく、戸単位に課税する方がはるかに便利だったのである。算賦の貨幣納入は国家財政の貨幣の必要からおこったのであるが、農民にこれを強制するのは最初から無理な点があった。ましてや後漢ともなると、社会全体の自然経済的傾向が強くなってきたので、これを生産物納入にきりかえる方が現実的だったのである。

曹操の決めた田租・戸調のうち、戸調については、このような定額を全戸一律に課したのかという疑問がある。『魏略』（魏志曹洪伝注所引）に、

「毎歳調を発するには、それぞれの県に資産を決定させる」

とあって、戸調をかけるには、資産をはかることが前提になっていたらしい。後世のことであるが、北魏の前半では、

「調を発する場合には、県宰（県令）が郷邑の三老（民間の有力者）を集め、資産を計って課税額を定め、多すぎる者をへらし、少ない者をまして、九品混通させる」（『魏書』世祖紀）

といわれており、九品混通はまた九品相通・九品差調などともいわれていた。曹操の後の魏王朝からは、民衆の戸を一品から九品まで九等級に格付けし、実際の徴税額はこの等級に応じて差をつけてとり、平均して絹二匹・綿二斤になるようにした。これを九品混通等といったのである（唐長孺前掲書）。

曹操の時期にはまだ九品の制度はないが、右のように戸の等級は決めざるをえず、それが

九品制度の前提になったと思われる。なお五胡十六国時代から北魏前期にかけて、田租もまた戸調とともに戸単位でとられるようになって、貲《し》・貲租（貲は資産の意味）等とよばれた。乱世のなかで、田土の調査も不可能になっていたからである。北魏の中頃から均田制が施行されて、田土と人身の支配が復活すると、租・調も夫婦単位・丁男（成年男子）単位になり、人頭支配がまた貫徹するのであるが、そのあいだの戸単位の把握をはじめた曹操の政策の意義は大きいのである。漢以来の郡県制支配が後退した時期に、それでも王朝支配を再建しようとした曹操の努力が、当時の現実に対応してこのような形になったのである。

3　赤壁の戦い——曹操敗れて天下三分の大勢決まる——

荊州征服

曹操は華北の中心部を抑えたが、天下を統一するにはまだ南方や西方の勢力があった。建安十三（二〇八）年正月、操は鄴に玄武池を造って水軍の訓練をした。南方に軍を出す準備をはじめたのである。もし南方に進軍するとすれば、華北の兵士が慣れない水上での合戦をおこなわなければならないであろう。そのことを想定したのである。

六月に前漢末以来の三公の官が廃されて、漢初以来（実は秦以来）の丞相《じょうしょう》・御史大夫《ぎょしたいふ》の制度が復活した。そして曹操が丞相になった。曹操が独裁者であることは変わりないが、三公の制度はとっくに形骸化していたので、古い丞相らの官を復活して、これらが実権をもつようにし、曹操の実力にみあうようにしたのであろう。曹操は翌七月に荊州へ出兵するのであるが、このとき後顧の憂いがないよう念をいれたと考えられる。

曹操・袁紹が必死で戦っているとき、荊州の主劉表は、どちらにもつかず洞《ほら》が峠《とうげ》を決めこんでいた。部下の韓嵩らは、劉表自身が天下の形勢を決定するよう動かなければならない、曹操・袁紹両者の疲弊につけこむか、それができなければ、おそらく勝者になるであろう曹操側について、領土の保全を図らなければならないと説いた。劉表は韓嵩を使者として曹操のもとに送った。韓嵩が帰ってきて曹操への服従を説くと、表は嵩を裏切り者とみなして殺害しようとしたが、またこれを取り消した。劉表はなにごとにも優柔不断であったから、とても曹操に対抗できる器量はなかった。

七月になって、曹操は劉表の領土に攻めこんだが、まだ操の軍が到達しないうちに、劉表は病死した。表は年下の子の劉琮《そう》を愛して、跡継ぎにしたいと考えた。その意向をうけた臣下らは、長子の劉琦《き》を外に出して江夏（現在の武漢東方の武昌）太守とし、琮を立てて後嗣とした。ここでも一族・臣下のなかに確執が生まれたのである。劉琮の部下たちは曹操にかなわないとみて、琮に降伏を奨めたので、操の軍が襄陽《じょうよう》（現在の湖北襄樊《はん》市）までくると、琮は荊州全域を挙げて操に降った。

劉備は襄陽の北の新野にいたわけだが、この動向は寝耳に水だったので、急遽南に逃げたが、当陽の長阪という処で曹操の軍に追いつかれ、さんざん撃ち破られた。劉備は妻子を棄て、諸葛亮・張飛・趙雲ら数十騎と逃れ出たが、たまたま関羽の水軍および江夏太守劉琦《き》の軍万余人と出会い、夏口（武漢付近）に布陣した。

劉備は徐州で曹操の進攻をうけた際も、家族を棄てて逃げたといい、このとき妻子は関羽とともに曹操の捕虜になった。荊州で曹操の追撃をうけたときも、妻子を棄てて逃亡したが、蜀志後主伝注に引く『魏略』によると、棄てられた劉備の長子劉禅《ぜん》（蜀の二代目後主）は、そのときまだ数歳で、誰かが漢中（陝西南部）に連れていって奴隷に売った。たまたま扶風（西安の西）の人の劉括という者が漢中にきて禅を買い、その素性のよいことを知って養子とし、妻を迎えてやった。むかし劉禅の舎人《しゃじん》（食客）だった簡という姓の者がおり、劉備が蜀に入ると将軍になって、漢中の張魯のもとに派遣された。劉禅はそれを知って簡のもとに出むき、身分を明かしたので、漢中から益州（成都）に送られ、劉備の皇太子となることができたという。

しかし他方蜀志趙雲伝によると、趙雲が劉備の棄てた妻子を保護して難を逃れたといい、そうだとすると趙雲の役割は、次にのべるむかしの劉邦の臣下夏侯嬰《えい》の場合と同じである。むかし劉邦は項羽の追撃を逃れるために、馬車の重さを軽くしようとして、なんども二人の子供（後の恵帝と魯元公主）をつき落としたが、そのたびにおともの夏侯嬰が拾いあげてまた車に乗せたといわれる。英雄の冷酷さは共通のものなのだろうか。それとも当時の戦争が苛酷にすぎたのだろうか。いずれも跡継ぎを犠牲にして生きのびようとしたのである。

曹操の江南征服策と孫権宮廷の議論

さて曹操は荊州を奪ったのち、江南を征服しようと孫権に手紙を送った。

「いま水軍八十万の衆をひきいて、将軍と呉でお会いして、ごいっしょに狩りをしたいものです」（呉志呉主伝所引『江表伝』）

これをみた孫権の臣下たちの議論は、曹操の勢いに恐れをなして、その支配を受けいれようとする方向に傾いた。この議論の主唱者は、孫策以来の重臣の張昭《ちょうしょう》らであった。かれは華北の中心部の彭城《ほうじょう》（徐州）の名門貴族であり、華北の士大夫らと交際が深かった。

これにたいして魯粛《ろしゅく》は、かねてから孫権が長江流域を確保すれば、曹操に対抗できると考えていた。そこで孫権に説いた。

「張昭や私どものような貴族たちは、曹操に服従すれば、曹操は私どもを郷里に付して格付けして採用するでしょうから、操の役人から出発して、その後は士大夫たちと交際し、末は州牧・郡守ぐらいにはなれるでしょう。しかし将軍（孫権）さまは操を迎えたらどうなるでしょうか。はやく大計をお決めになって、衆人の議論は聞かないようになされませ」（呉志魯粛伝）

このときやはり重臣の周瑜《しゅうゆ》は、使者になって外にいたのであるが、魯粛に呼び帰されると、次のように論じた。

「いま北土が安定しており、曹操に内憂なく、このまま日を過ごして、戦場で争うにしても、われわれと水軍で勝負を争うことができましょうか。まして実際には北土は平安とはいえず、関西では反乱する者らがおり、操の背後の心配となっています。そのうえ騎馬をすて船にのりかえて呉越と争うのは、中国（当時は華北のことを中国とよんだ。呉や蜀は辺境であったのである）の兵の得意なこととはいえません。またこの寒い季節に、馬の飼い葉が不足しています。そのときに中国の兵士を駆って遠く江南に出兵すれば、風土にも慣れませんから、かならず病気が発生しているにちがいありません。これらは兵を指揮する者が警戒する所なのに、操はみなこの点を犯しています。将軍さまが操を捕虜になさるのは、今日明日のことでしょう。瑜に精兵三万人をお預けくださって、夏口に進駐することをお許しくだされば、きっと将軍さまのためにこれを破ってお目にかけます」（呉志周瑜伝）

一方、劉備は援助を請うため諸葛孔明を孫権のもとに派遣した。孔明は孫権といろいろ問答したのち、次のように説いた。

「劉予州（備）は長阪で敗れたといっても、戦士たちの還ってきた者や関羽の水軍の精鋭は一万人、劉琦が江夏の戦士を集めればこれも一万人を下りません。曹操の軍勢は遠方からやってきて疲れきっています。聞けば予州を追って、軽騎で一日一夜三百余里を駆け通したとのこと、これでは『強弩《きょうど》の末は、勢い魯縞《ろこう》をも穿《うが》つ能わず（強い弓で射た矢も、遠くまで飛ばすと、その末には魯のうすぎぬさえ射通すことができない）』といわれるとおりです。故に兵法ではこれを嫌って、『必ず上将軍を倒す』とのべています。それに北方の人は水戦に慣れていません。また荊州の人民が操についているのは軍事力に迫られた結果で、心から服従しているわけではありません。いま将軍が猛将に命じて兵数万を統べさせ、予州と組んで兵力を合わせれば、かならず操の軍を破ることができるでしょう。操の軍が敗れればかならず北に還るでしょうから、そうなれば荊・呉の勢いは強くなり、三者鼎立の形勢が成立します。これが成功するかどうかは今日にかかっています」（蜀志諸葛亮伝）

孫権はこれらの言にしたがうのであるが、『三国志』に注をつけた裴松之《はいしょうし》は、次のような異論をのべている。このような考えもあるので、紹介しておく。

「張昭が曹操を迎え入れるよう奨めたのは、遠い先のことを考えたからであろう。かれが孫氏に仕えたのは、歴史の運命が狂いはじめ、民衆が塗炭の苦しみに落ちはじめたときで、孫策や孫権をたすけることによって、上は漢王朝に藩として仕え、下は民衆を保護しようとしたのであって、三国を鼎立させる計略は、もともと考えていなかったのであろう。曹操が中華を統一し、荊州を平定したとき、天下全体が安定にむかう機会はこのときにあった。もし張昭の議論が受けいれられたならば、世界が一つとなって、兵火が相次ぐ戦国の弊害におちいることもなかったであろう。それは孫氏には役に立たなかったとしても、天下のためには大いに役だったはずである」（呉志張昭伝注）

赤壁の会戦

それはさておき、孫権は周瑜・程普《ていふ》・魯粛らに兵三万をあずけて、諸葛孔明にしたがって劉備のもとにおくった。そしてこの連合軍と曹操の軍は、長江中流域の赤壁という処で遭遇した。両軍は最初に一戦を交えたのち、操の軍は退いて長江の北岸に陣し、瑜らは南岸に陣をしいた。

周瑜の部将の黄蓋《こうがい》は、

「いま敵は多く我が軍は少ないので、持久戦に入っては不利です。けれども操軍の艦船をみますに、艦首と艦尾がくっつきあっていますから、焼き打ちをかければ敗走させることができます」

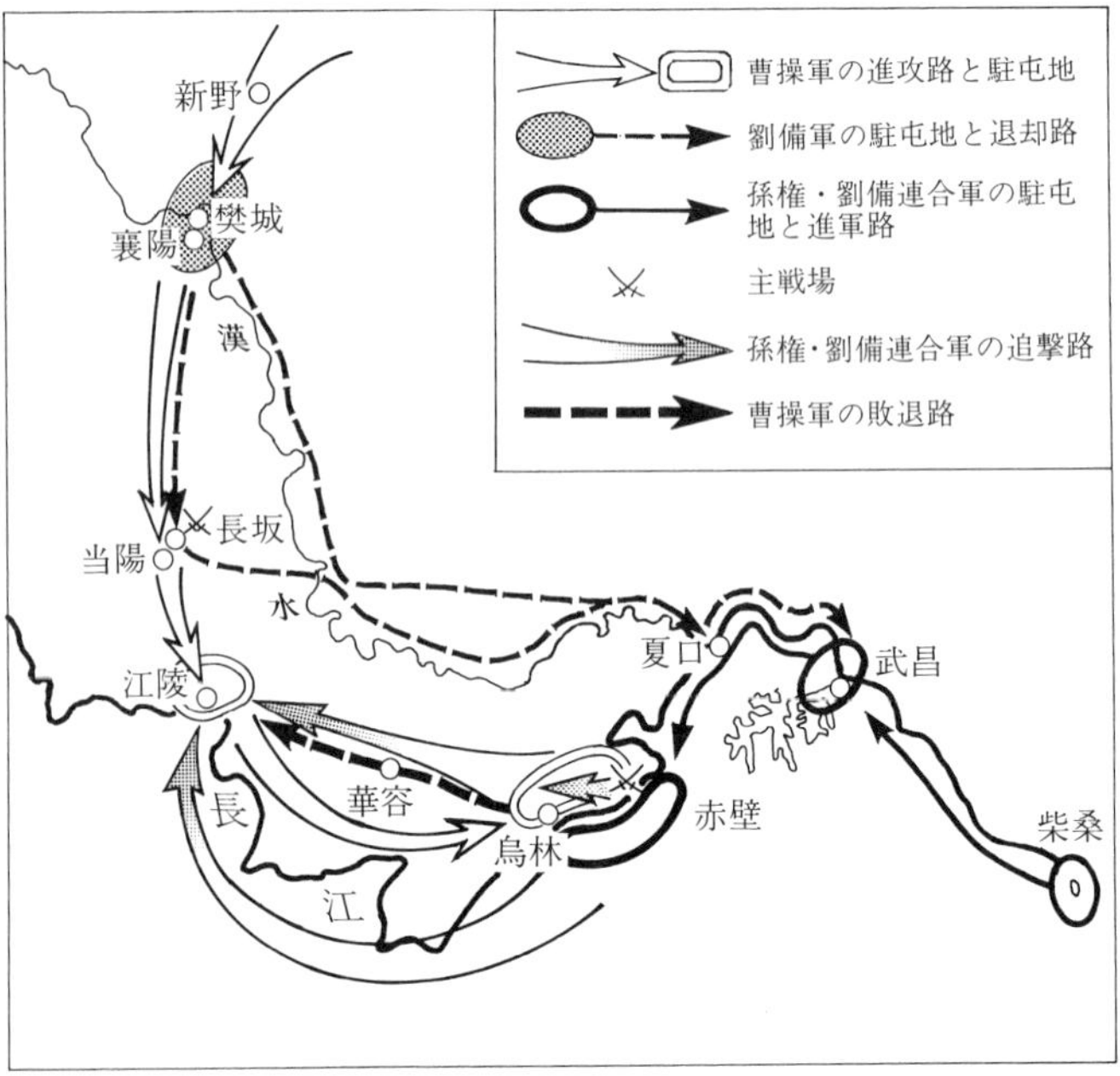

赤壁の戦い（堀訳〈世界歴史教科書シリーズ『中国Ｉ』〉に拠る）

といい、蒙衝《もうしょう》（快速戦艦）と闘艦（一般の戦艦）数十艘を選び、薪と草をつめこみ、その中に油を注いで、それをまん幕で覆い、その上に旗印を立て、あらかじめ曹操に手紙をやって、投降したいと嘘の申し入れをおこなっておいた。そして前もって快速艇を大船の後につないで準備しておき、つぎつぎと前進すると、操の陣営では、黄蓋の軍が投降してくるぞと指さしあった。蓋は操の艦船に近づくと、味方の船にいっせいに火を放った。時に風の勢いが烈しく、火は岸上の陣幕にまで延焼して、煙と炎は天にみなぎり、人馬の焼死や溺死がはなはだおおく、曹操の軍は敗走して、一時南郡（江陵）にたてこもった。

火攻めの鮮やかさに、曹操の敗北の原因を求めるのは誤りではないが、魏志武帝紀には、

「公、赤壁にいたり、備と戦いて利あらず。是に於いて大疫ありて、吏士死する者おおし。乃ち軍を引きて還る」

とある。周瑜の予想したとおり、背景に軍中の疫病流行があったのである。曹操は軍を建てなおして、再戦するのは無理と判断したのであろう。そこで南郡の守備を従弟の曹仁らにまかせて、北方に帰った。十三年十二月のことである。曹仁は周瑜の軍を迎えて奮戦したが、翌年南郡を放棄して退却した。

さて赤壁の戦いの結果、天下三分の大勢がいきなりできるわけではない。共通の敵の曹操が敗れたため、孫権の呉と劉備とのあいだに対立がおこった。呉の周瑜や魯粛は長江をさかのぼって、蜀まで手に入れようと考えていた。孫権が蜀の攻略を打診すると、劉備は蜀の現在の主の劉璋が同族であることを理由に、やんわりと断わっておきながら、さっさと劉璋を攻撃して蜀を奪った。中流域方面では、はじめ湘水を境として呉・蜀が領域を分けていた。

劉備は関羽にこの方面を守らせたが、周瑜・魯粛が早死にした後をついだ呂蒙《りよもう》は、やがて関羽を虜にして中流域を奪った。関羽の最期《さいご》については後述するが、かくして天下三分の大勢が定まったのである。

五章　魏公国・魏王国の建設

―魏王朝への道―

鄴城金虎台遺址全景（『考古』1990年7期）

1　赤壁戦後の処置

赤壁戦後の危機対策

赤壁のような大決戦はもはやおこなわれなかったが、その後曹操と孫権両軍は淮水方面を主戦場として睨みあっていた。赤壁の戦いの翌年、建安十四（二〇九）年に曹操はなお水軍を整備し、合肥《ごうひ》（安徽）に出兵し、芍陂《しゃくひ》に軍屯田を開いた。この方面では曹・孫両軍の小競り合いが何度も続いていた。

十四年七月に次のような布令が出た。

「さきごろから軍はしばしば出征し、疫病に遇う者もあって、役人・兵士は死亡して帰らず、家には未婚・寡婦の女や、（貧乏で）妻を娶れない男がおおく、民衆の離散する者もあって、とても仁者が楽しむ状態にはないが、（国家の情勢を考えれば）やむをえない点がある。そこで死者の家の財産が無く、自力で生存できない者には、役所は食料の支給を絶やさないようにし、役人は面倒をみて助けてやり、よく吾が意にかなうようにせ

よ」（武帝紀）

これは官渡の戦い後、譙《しょう》で出したのと同じような趣旨を、全天下に布告したもので、戦死者の家や民衆の貧苦に配慮する必要があったことをしめしている。

民衆にたいする思いやりを、これまでの曹操伝では、とかく曹操の個性的な行為として称賛するものがあるが、これは誤りである。曹操の個性的な特徴としては、むしろ政治へのするどい感受性を挙げるべきであろう。右の場合赤壁戦後の危機的な状況という特殊条件があるが、もともと中国の専制政治は民衆（あるいは民衆の共同体）への顧慮の上になりたっている。その顧慮の表し方によって、民主的にもなれば専制的にもなるのである。

赤壁の敗戦によって、曹操は南方征服のもはや不可能なことを覚ったにちがいない。むしろ華北の秩序が動揺する危険もある。年齢からいっても余裕はないのである。前にも引いたことがある建安十五（二一〇）年十二月己亥令（武帝紀所引『魏武故事』）は、こういう情勢のなかで出されたものである。

この布告は、曹操自身の任官以来、これまでの経過をいかにも謙虚にふりかえっている。だから具体的な事実を知るには役立つが、必要以上に自己を卑下している点は割引きして考えなければならない。たとえば「侯に封じられて征西将軍となり、その墓に『漢の故征西将軍曹侯の墓』と刻まれるのが、その志であった」などというのは信じがたい。

そして最後の方で

「国（漢王朝）の威霊を奉じ、……遂に天下を蕩平《とうへい》して、主命を辱めざりしは、天、漢室を助くるなり、人力に非ずと謂うべし」

などと言っているのは、天下の統一は自分の力でなく、天が漢を助けたのだと称して、漢王朝擁護の姿勢を明確にしているのである。そのうえでまだ全国が平静でないから、位は譲るわけにいかないけれども、四県三万戸の封土は自分の徳にあわないから、三県二万戸を返上したいとのべている。よほど危機感をもっていたにちがいないが、この漢室擁護の宣言が本音であったかどうか、ともかくその後のかれの行動を縛ることになったことは否めないであろう。

求賢令

これよりさきこの年の春に、有名な「求賢令」を発している。

「もしかならず廉士にしてのち用うべくんば、則ち斉桓其れ何ぞ以て世に覇たらんか。

今天下、褐《かつ》を被り玉を懐いて渭浜《いひん》に釣りする者有る無きを得んや。また嫂《あによめ》を盗み金を受けて未だ［魏］無知に遇わざる者有る無きを得んや。二三子、其れ我れを佐《たす》けて、明らかに仄陋《そくろう》より揚げ、唯才を是れ挙げよ。吾れ得て之れを用いん」（武帝紀）

この内容を解説すれば、斉の桓公は管仲の援助をえて覇者になったが、管仲は治国の才能をもっていたけれども、けっして廉士ではなかった。周の文王をたすけた呂尚《りよしよう》は、粗末な着物を着て、才能を懐きながら渭水《いすい》のほとりで釣りをしていたという。これは平民のなかにも才能のある者がいる例として挙げられている。また劉邦を助けた陳平は、兄嫁と私通し、賄賂を受けとったと訴えられたが、かれを推薦した魏無知は、行為ではなく、才能を推薦したのだと劉邦に答えた。これは不道徳な人間のなかにも才能のある者がいる例として挙げられている。仄陋とは貧賤な人々をさしている。当時の貴族意識からは疎外された人々である。

ここで曹操は身分に関係なく、廉潔であるかどうかに関係なく、才能だけを基準にして人を推薦せよと命令している。危急なときに人材がほしいのはやまやまであるが、貴族勢力がつよい当時の情勢をみれば、曹操ほど思いきったことはなかなか言えないのではないかと思う。これから何度かくりかえされる曹操のいわゆる人才主義の表明である。

この年（建安十五年）、曹操は鄴城《ぎょうじょう》の西北に銅雀台（銅爵台）を造った。有名な宮殿で、高さ十丈の台の上に一二〇個の建築物があったという。天下の安危が問われているときに、どうしてこんなものを造ったのか。むかし漢の高祖劉邦が長安に都を定めた際、蕭何《しょうか》が壮麗な未央宮《びおうきゅう》を建てた。劉邦が怒って、「天下が騒動を起こして、人々が苦労しているときに、なんでこんな立派な宮殿を建てるのか」というと、蕭何が、

「天下がまだ安定しないからこそ、宮殿を造る必要があるのです。……壮麗にしてはじめて天子の権威の重さを知らせることができるのです」

と答えたという話が、あるいは参考になるであろうか。

銅雀台につづいて、曹操は銅雀台の南北に、金虎台・氷井台《ひょうせいだい》を造らせた。いずれも同様な建築物である（一四〇頁図参照）。

西方地域の征服

曹操は華北を安定させたといっても、西北部はまだ操の支配に服していなかった。山東・河北の征服に力を入れていたために、西方を顧慮する暇がなかったのである。建安十六（二一一）年に入って、五斗米道《ごとべいどう》の指導者の張魯《ちょうろ》が漢中（陝西南部）を占領した。五斗米道は太

平道と似た宗教教団であって、のちの道教の祖となったものであるが、太平道が黄巾の乱をおこして壊滅したのちに、中国西部で力を温存していたのである。曹操はこれを討つために鍾繇《しょうよう》を派遣した。

その軍が関中（陝西）に入ると、関中方面に割拠していた諸将が、涼州（甘粛）の将馬超《ばちょう》・韓遂《かんすい》らを戴いて反乱をおこしたが、曹操自ら軍をひきいてこれらを破り、夏侯淵を長安に留めて鄴に還った。馬超・韓遂はなお羌《きょう》族らと連携して反抗をつづけたが、建安十九（二一四）年最終的に平定された。なお涼州管内の枹罕《ほうかん》（蘭州付近）に、三十余年にわたって政権を建てていた宋建も、この年に滅ぼされて、甘粛方面はほぼ曹操の支配下に入るようになった。

張魯の政権は翌二十（二一五）年まで存続した。この年三月曹操自ら軍を指揮して、まず氐《てい》族を破り、張魯を攻めて漢中を占領した。張魯は巴中《はちゅう》（四川）に逃れたが、十一月残余の兵力をひきいて投降し、魯と息子たちは列侯に封じられた。漢中には夏侯淵が駐屯したが、のちに劉備と戦って戦死する。張魯政権の降服によって、華北の統一は完成したわけであるが、前年には劉備が成都の劉璋を降して益州（四川）を奪ったので、これから曹操側は劉備側と（のちには魏と蜀とが）直接対決することになるわけである。

ところで張魯の政権は、もともと農民の信仰をえた宗教教団から発展したものである。その領土では罪を犯した者が出ても、すぐには罰せずに反省を待ち、三度罪を犯したのちはじめて処罰したといい、また領内には駅伝組織が発達していたが、駅舎には食料が貯蔵されていて、旅行者は自由に取って食べることができたという。民衆のあいだの原始共産制の名残りがみえるようであるが、他方政権の構成と存続のためには、多少の変容を免れなかったであろう。この政権が曹操に服するようになってからは、他の貴族政権と同じように扱われたが、それによって道教が士大夫層のあいだに浸透するきっかけができたと思われる。ただしこの張魯の系統の道教は、後世まで依然民衆のあいだにひろく普及したので、民衆道教とよばれるものの中心となっている。

2　魏公・魏王とそれにともなう特典

魏公推戴のいきさつと荀彧の死

こういう情勢が進行する一方で、曹操の政治的地位の上昇が着々と実現されていった。上記のように建安十六年の後半を曹操は関中平定に費やすのであるが、翌十七（二一二）年正月鄴に帰還すると、天子は曹操にたいし、「賛拝不名・入朝不趨・剣履上殿」の特典を与えた。これは漢王朝建国の第一の功労者であり、最初の丞相であった蕭何《しょうか》の故事にならったもので、一には天子に拝謁する際、「臣操」というように名を名のるのが礼儀であるが、そのような名のりを免除することとし、二には朝廷では臣下は小走りにはしるのが原則であるが、走る必要がないとされ、三には剣を帯び、履物をはいたまま殿上にのぼってもよいと言いわたされたのである。

この年、曹操の天子奉戴以来その方面での献策が多かった董昭《とうしょう》が、曹操に国公の爵位をすすめ、九錫《きゅうしゃく》の特典を与えるよう主張して、謀臣の荀彧《じゅんいく》に手紙を出して相談したが、荀彧は反対の意向を表明した。魏志荀彧伝には「密かに諮《はか》る」と書かれているが、『献帝春秋』（魏志董昭伝注所引）には、「列侯・諸将と議してから」、荀彧に手紙を出したとしるされている。荀彧を外すわけにいかないが、反対される場合を予想して、その前に根まわしがすんでいたのではないかと思う。荀彧の反対を聞いて、曹操は平静な気持ちでいられなかった。

荀彧は乱世に際会して、平和の回復を祈念し、それを実現できる英雄を求めて、曹操にそれを期待したのである。そして多くの献策をし、多くの人材を推薦し、曹操の天下統一に最大の貢献をした。そこへ曹操を魏公にするという案がもちあがった。魏公の次は魏王であり、魏王の次は魏帝、漢王朝にかわる新王朝建設が遠からず課題になるであろうということが、賢明なる荀彧にはわかっていたと思う。この時代の推移をどう考えるか。天下の統一が何を生み出すか。ひたすら秩序の回復を念願して突き進んできた荀彧が、そこからさきの見通しをもっていなかったようにみえるのは不思議である。あるいは名士側の代表であったかれは、その手から離れて独裁化していく曹操にたいして、主導権を維持しておきたかったのかもしれない。

十七年十月から翌年にかけて、曹操は孫権を討つために出征した。そのとき陣中から朝廷に表請して、荀彧をよびよせ、持節・参丞相軍事に任命した。この時期に彧を天子の傍においておきたくなかったのであろう。前線で彧は病気にかかり、寿春（安徽）で死んだと伝えられる。しかしこれは表向きのことで、『魏氏春秋』（荀彧伝注所引）という本の記述によれば、陣中の荀彧のところに曹操から弁当がおくられてきた。あけてみたら中が空だった。そこで彧は自分が無用な人物になったことをさとり、薬を飲んで自殺したのだという。これにたいし従子の荀攸《ゆう》は、曹操を魏公に擁立する音頭をとった。従子といっても遠縁で、荀彧とは歩いた道がちがうのである。

魏公国と九錫の特権

建安十七年のうちに、魏郡周辺の河内《かだい》郡・東郡・鉅鹿《きょろく》郡・広平郡・趙国のなかから十四県をきりはなして、魏郡（鄴県を含む郡部）の範囲に加えた。これは曹操を魏公に封ずることを見越した処置で、魏郡を大郡の地位におこうとしたのであろう。

曹操と孫権との戦いは、赤壁戦後は、安徽方面が主戦場となった。建安十八（二一三）年正月、曹操は濡須口《じゅしゅこう》（合肥の南、長江に出る濡須水の入口）を攻め、月余の間孫権と戦ったが、孫権の軍隊がよく整備・統率されているのに感心して、曹操は「息子をもつなら、孫権のような者がほしいものだ」と嘆声を発した。そこへ孫権から「春水まさに生ぜんとす（洪水の季節になった）、公よろしく速やかに去るべし」という手紙がきたので、軍を引きあげることにした（呉志呉主伝注所引『呉歴』）。

同年四月、操は鄴に帰還した。するとその翌五月、帰還を待っていたかのように、天子は曹操を「魏公」に任命した。これには特別に広い領土が付属する。それは、冀州の河東・河内・魏郡・趙国・中山・常山・鉅鹿・安平・甘陵・平原の十郡で、これは従来の冀州の範囲よりひろく、これを魏公国の領土としたのである。曹操はこれまでも事実上の独裁者であったが、魏公となることによって、形式的にも群雄の上に一段とぬきんでた地位を獲得することになった。また曹操は漢の天子の詔勅を奉ずるという形で政治をおこなってきたが、魏公国の成立によって、漢の天下のなかに曹操の直轄になる独立の国家ができたわけである。この魏公国が魏王国になり、その範囲が拡大して漢の全天下を飲みこめば、魏王朝が成立することになる。魏公国の首都は鄴である。鄴は天子のいる許都よりも、むろん重要な位置を占めた。

曹操にはこのとき同時に九錫《しゃく》の特典が与えられた。九錫すなわち九種類の賜り物の内容は、操を魏公に封ずる策命

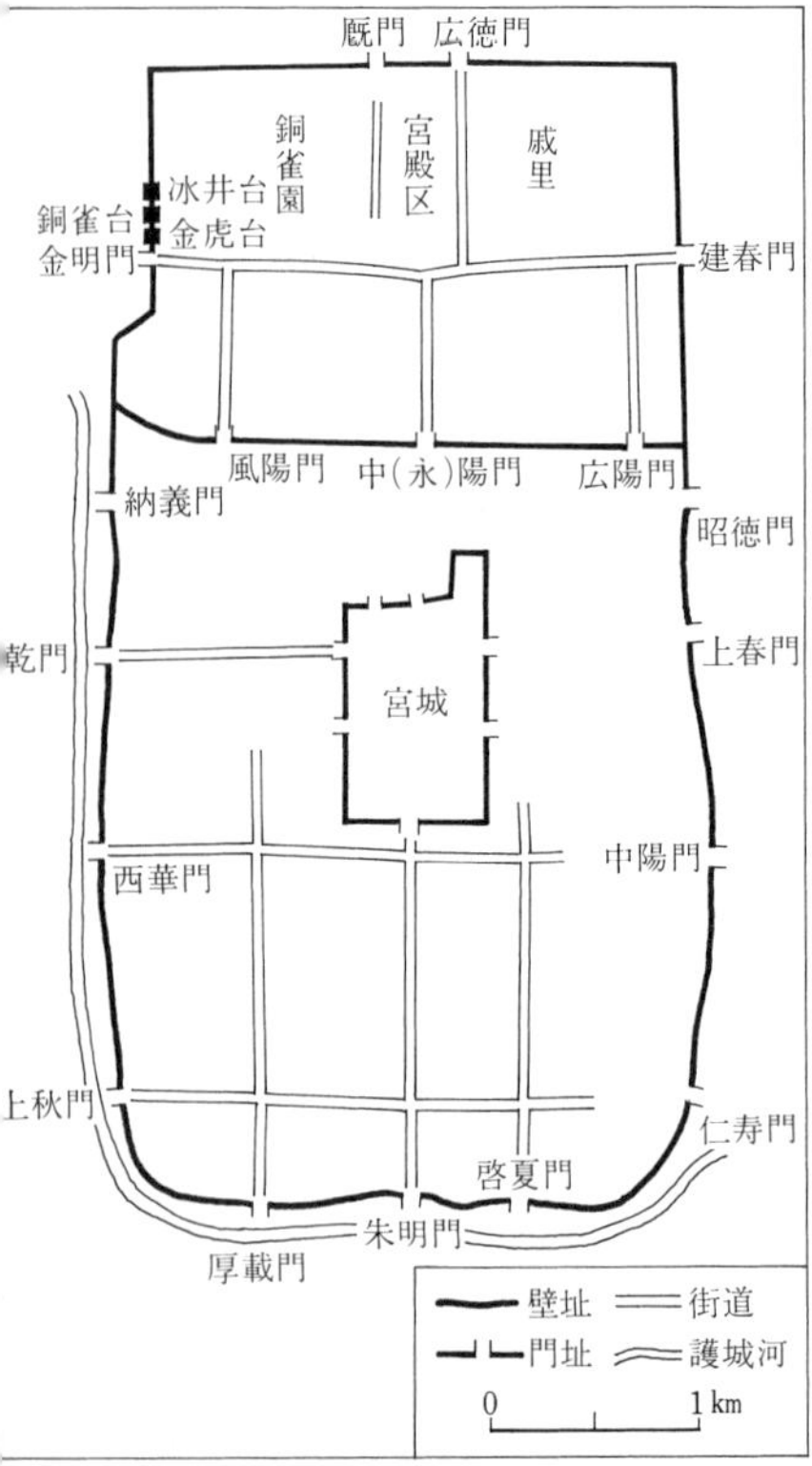

鄴城遺跡平面図（『中華人民共和国重大考古発現』に拠る）

（諸侯王に任命する場合の文書）にしるされている。それは次のようなものである。

（1）大輅《たいろ》・戎輅《じゅうろ》各一、玄牡二駟。　（天子の用いる車馬）

（2）袞冕《こんべん》之服、赤舃《せきせき》。　（天子の衣服・履物）

（3）軒縣《けんけん》之楽、六佾《りくいつ》之舞。　（編鐘と舞人）

（4）朱戸。　（朱塗りの門戸）

（5）納陛《のうへい》。　（外側から見えない階段）

（6）虎賁《こほん》之士三百人。　（近衛の軍団）

（7）鈇《ふ》（斧）・鉞《えつ》各一。　（権威の象徴としての斧・まさかり）

（8）彤《とう》弓一・彤矢百、玈《ろ》弓十・玈矢千。　（朱塗り・黒塗りの弓矢）

（9）秬鬯《きょちょう》一、珪瓚《けいさん》。　（くろきびで作った香草入りの酒と玉のひしゃく）

これらはもと周代の儀式に用いられたものであるが、これを権威づけにはじめて利用したのは王莽《おうもう》で、封地の拡大とあわせて、王莽は結局前漢王朝に代わることになるのである。その前例から曹操の魏公国建設と九錫授受とは、新王朝創設の前段階と受け取られてもやむをえないであろう。

魏公就任の儀式

『魏書』にはこの策命をうけて、曹操が三度辞退したところ、荀攸・鍾繇・涼茂・毛玠・程昱ら三十人の重臣たちが、受諾を勧めたことがしるされている。その論拠は、一は、周代以来の歴史的沿革からいえば、大功ある曹操が領土を受けとるのは当然であること、二は、曹操に随臣となった列侯・諸将は、その功績を評価されて金印紫綬を賜い、それを子孫にまで伝えたいと願っている。それを曹操が恩賞を辞退したのでは、これらの人々を不安に陥れ、補弼の大業を忘れることにならないか、臣らの懼れる所だというにある。そこで曹操が魏郡の授与だけを拝受するといったところ、荀攸らはふたたび上言して、それでは「漢朝の賞行われず、攸等の請いまだ許されざるなり」とのべて、魏国十郡を受け取るよう勧めている。曹操は結局天子の命を受けることになった。

三度辞退するというのは、こういう場合の礼儀である。それに荀彧との不和をみても、曹操の真意は天子の命を受諾することにあったと思われる。それだのに荀攸らの勧進《かんじん》がながながとおこなわれたのはなぜか。そもそも魏公封建の発議をしたのは董昭であるが、かれはそのことを「列侯・諸将」と議論したというから、その列侯・諸将が荀攸以下であって、しかも荀攸らが曹操に説いた言によると、かれらが操に魏公を授与するよう請願しているのである。もちろんそのことは曹操も蔭で承知していたにちがいない。そのうえで曹操が辞退したり、荀攸らの勧進がおこなわれたりしているのは、一種の儀式であると私は思っている。

「蜀志」諸葛亮伝によると、曹操が死んで曹丕が魏の帝位についたとき、劉備の配下らは劉備が漢の帝位につくことを望んだ。劉備が承知しないでいると、諸葛亮（孔明）は次のように言ったという。

「むかし後漢の光武帝（後漢建国の皇帝）が帝位につくのを何度も辞退したとき、耿純《こうじゅん》という者が、『天下の英雄らは魚が水面で上を向いて息をするように、望みを実現してほしいと期待しています。もし部下たちの提案に従っていただきませんと、士大夫らはおのおの他に主人をもとめて、公に従う者はなくなってしまうでしょう』と忠告しました。大王（劉備）は劉氏の子孫ですから、帝位についておかしくありません。士大夫らが大王に従ってながらく苦労してきたのは、耿純の言うように、少しばかりの恩賞が欲しいからにすぎません」

劉備はこれを聞いて帝位についたという。

光武帝も劉備も曹操の場合も、位を辞退したのちに、部下の然るべき者が即位を勧める。その共通した理由は、部下の豪傑たちの爵位や恩賞にたいする期待を、満足させなければならないということにある。さきに私は幽州の田疇の政権の成立過程をみて、中国専制国家の始源には民衆の意向が反映している点を指摘したが、光武帝以下の政権成立の場合には、すくなくとも臣下の意向を忖度しなければならなかったということがいえるであろう。漢・唐の君主制のもとでは、民衆は水で、君主はその上に浮かぶ船であって、水は船を航行させることもできれば、船を覆すこともできるという譬えが、君主の心構えとして説かれている。そのような中国君主制の成り立ちが、右のような共通の形式の儀式を存続させているといってよいであろう。

ただ劉備の即位の前には、多くの瑞祥《ずいしょう》（天が下したとされるおめでたいしるし）があって、それにもとづいて帝位につくよう群臣たちの勧告があった（蜀志先主伝）。この瑞祥も最初の簒奪者王莽のときに利用されたものであって、劉備の場合はそれを踏襲しているのである。もちろんこれらは本人ないし側近の者によって仕組まれているのである。ところが曹操の場合には、瑞祥などを利用しようとした形跡がない。瑞祥は漢代儒学の神秘主義（この神秘主義は、原始儒学の民主的色彩を払拭して、皇帝の権威を高めるために考え出された）の産物であるが、曹操にはこのような神秘主義にとらわれない合理主義者としての面があり、そこに伝統を破った新しい権力を生み出してくる可能性があった。

もっとも曹丕が帝位につく際には、故実を知る群臣のあいだに瑞祥論議がおこったり、殷登という者が瑞祥を仕組んだという話がみえるが、曹丕はあまり関心をもたなかったようである。

魏公国・魏王国の官制と天子の礼

さて曹操は魏公に任命されると、さっそく社稷・宗廟（土地・農業神と先祖を祀る施設。君主たる者この二つを建てることになっていた）を建て、大臣らを任命した。すなわち尚書・侍中・六卿の官職をおき、荀攸を尚書令に、涼茂を僕射《ぼくや》（尚書の次官）に、毛玠・崔琰・常林・徐奕《じょえき》・何夔《かき》を尚書に、王粲《おうさん》・杜襲・衛覬《えいぎ》・和洽《わこう》を侍中に任命したのである。これはほとんど独立国家の体制である。

翌建安十九（二一四）年、天子の礼である籍田《せきでん》の耕作をおこなった。漢の天子は魏公の位が諸侯王の上にあることを確認し、金璽《じ》（印章）・赤紱《ふつ》（印のひも）・遠遊冠を与えた。またつづいて、曹操が旄頭《ぼうとう》という天子の旗飾りを用い、宮殿に鍾虡《しょうきょ》という鍾を吊るす台を設けることを了承した。

二十一（二一六）年、曹操は爵位を魏公から魏王に進められた。そして娘を天子と同じに公主とよぶように決められた。翌二十二年、天子の旌旗（旗じるし）をかかげ、出入には警《けい》蹕《ひつ》（先ばらいの声）を発することが許された。また天子と同じ十二の旒《りゅう》（冠の飾り）をつけた冕《かんむり》をかぶり、金根車というお召し車に乗って、六頭立ての馬に引かせることも承認された。これらの経過をみると、魏公・魏王とはいっても、もはや天子と変わりない体裁を整えてきていることがはっきりしている。それだのに曹操が、正式に皇帝にならなかったのはなぜか。

曹操批判の動静

漢室の周辺で、曹操にたいする批判や小さな反乱がおこっていた。建安十九（二一四）年、献帝の皇后伏氏が殺されるという事件が起こった。伏皇后が父の伏完《ふくかん》に手紙を送って、董承が誅せられてから、献帝は曹操を恨んでいると書いてやった。伏完がこの手紙を他人に見せたために事が洩れ（荀彧伝注所引『献帝春秋』）、伏后は捕らえられて殺され、完をはじめ宗族数百人が連坐した（武帝紀注『曹瞞《まん》伝』）。

建安二十三（二一八）年、漢の太医令の職にあった吉本が、かつて丞相掾であったことのある少府耿紀《こうき》や、司直の韋晃《いこう》・金禕《い》、吉本の子の吉邈《ばく》・吉穆《ぼく》らと反乱をおこし、許都を攻めて、丞相長史王必の陣営に火をつけたが、敗れてみな斬刑に処せられた。

二十四（二一九）年、西曹掾の魏諷《ぎふう》が、ひそかに仲間を集めて鄴を占領しようとしたが、仲間が怖くなってこれを曹丕に告白したので、反乱は失敗し、諷は殺された。魏諷を部下に採用した鍾繇《しようよう》は、連坐して免職になった。

前二者は漢王朝の周辺でおこった事件であるが、最後の反乱は魏王国の中心部でおこった事件である。曹操にたいする反感がなお存することをしめしており、曹操は用心する必要があった。もともと曹操は果断なところがある反面に、用心深い面もあったことは前にものべたところである。そのうえ漢王朝擁護の宣言をしたのも、おそらくまだ人の記憶に新しかったと思われる。さらに曹操の寿命の問題もある。かれは余命いくばくもないことを知っていたのではないか。

武帝紀に引く『魏氏春秋』という本には、次のような話が伝えられている。

「夏侯惇が［魏］王にむかって言った。『天下の人々はみな漢の命運がもう尽きて、別の時代が来ようとしているのを知っています。昔から民の害を除き民衆の帰服する者が、人民の主人となるのです。いま殿下は戦場にあること三十余年、功徳は庶民にゆきわたり、天下の人々の帰依する所となっています。天意にこたえ民心にしたがうのに、なんでためらわれるのですか』。王は答えた。『論語に、孝悌などの実践によって政治に影響をおよぼすなら、これも政治をおこなっているのと同じだと言っている。もし天命が私にあるなら、私は周の文王になろう』」

周の文王は周の力、周の徳を天下に周知させてから、次代の武王に天下をとらせた。曹操は魏公から魏王へと進み、皇帝政治の儀式をも整えて、新王朝が生まれるための準備を完了したうえで死んだ。その死後、長子の曹丕がすぐに魏王朝を開くのは容易であったのである。

3　曹操の死

劉備・関羽との戦闘

曹操の末年には、劉備との直接的な対決がはじまっていた。建安二十三（二一八）年、曹操は長安に出兵した。翌年、劉備は漢中の南の陽平関を攻めて、漢中から出陣した夏侯淵を戦死させた。そこで曹操は漢中・陽平に軍を進めたが、劉備の守備が堅いのと、曹操自身が病気になったので兵を引きあげた。その帰途かれは洛陽にいたって薨ずるのである。

劉備の根拠地ははじめ荊州にあったが、蜀に入った後には、関羽を留めて荊州を守らせた。関羽は荊州北部から曹操の領土を脅かしたので、曹操は従弟の曹仁を派遣して対決させた。関羽は曹仁のいる樊《はん》城（湖北省襄樊市付近）を包囲したが、これを破ることができず、新たに救援軍が送られてきたので敗走した。曹操は一方で孫権の長江流域領有を認める密約を結んだので、孫権の将呂蒙《りよもう》は精兵を船にひそませ、商人の服を着たものに船を漕がせ、荊州の中心地の南郡（江陵）を急襲してこれを占領した。南郡には関羽の部下の妻子らがおおかったが、これらがみな呉の手に落ちたので、関羽の部下は戦意を失い、孤立した関羽父子は捕虜となって殺された。その首が孫権から洛陽にいた曹操に送られたのは、建安二十五（二二〇）年正月、曹操が死ぬ直前のことである。荊州はむろん孫権の領有するところとなった。

曹操の遺令

曹操は享年六十六歳。その遺令は、魏志武帝紀によると次のようなものであったという。

「天下はなお未だ安定していないから、昔からのしきたりに従うことができない。埋葬が終わったならば、みな喪に服するのをやめよ。各地に駐屯している将兵は、みな駐屯地を離れてはいけない。官吏はそれぞれ自己の職務につとめよ。遺体を包むには平服を用い、金玉珍宝は副葬しないようにせよ」

天下はまだ安定していない。自分はそのために努力してきたのだが、まだその事業は終わっていない。これが死にゆく曹操の切なる思いのようである。そのために文武の官は現在の任務をそのまま続けよ。葬式も服喪も古式にのっとらず、思いきって簡素にせよというのはいかにも曹操らしい。虚飾を嫌った合理主義がここにも顔を出している。ならば魏公・魏王やそれにともなう特権も虚飾ではないのか。おそらくは曹操にとって、それは徹底的に利用する価値があったから、その地位を受けたのであろう。それは群雄とか臣下にたいする対応にプラスになる点もあるが、究極的には天下の安定のために価値があるということではなかろうか。私はそう考える。

武帝紀が引くのは、曹操の遺令の最も重要な部分であろう。『文選《もんぜん》』に収める晋の陸機《りくき》の「魏の武帝を弔う文一首、并《ならび》に序」には、身近の子どもや宮人たちに残した細かい指示が引かれている。まず末子の豹という者がまだ幼かったので気にかかり、四人の息子らに「どうか面倒を見てやってくれ」と言いのこしたといい、つぎに、

「我が女官・妓女たちは、みな銅爵台（銅雀台）に置き、台上に八尺のベッドを備えて絹の帳《とばり》で囲み、朝夕干し肉や干し飯を供えよ。毎月一日と十五日には、帳に向かって歌舞をおこなえ。お前たちはときどき銅爵台に登って、我が西陵の墓地を眺めるようにせよ」

とあるのは、自分の死後の祭りを頼んだものであるが、そこには曹操の生前のごとくにされたいという願望がみえている。また

「余分の香は分けて夫人たちに与えよ。側室のなかで仕事のない者は、組み紐の飾りをつけた履《くつ》の作り方を学び、それを売って生計を立てよ。自分が官を歴任して得た印綬は、みな蔵のなかに保管せよ。自分の残した衣服は別の蔵にしまってもよいが、それができなければ、兄弟たちが分けてもよい」

とあるのは、残された夫人・側室への配慮と、香物・印綬・衣類等の処置を指示したものである。

これらをみると、遺令全体に細かい現実的な配慮がなされていたのではないかと思う。陸

機はこの部分を英雄らしからぬ現世への執着をしめすものとして引いたのであるが、天命観や諦念や来世への関心は曹操にはさらさら無く、まだ成し遂げなかった覇業の継続を願い、そのために現体制の永続を思う心がつよいところから、このような指示が出てくるものと思われる。

曹操の薄葬は、特有の理由があるにせよ、中国喪葬制度史上でいえば、儒家的な厚葬の伝統を変革する意義をもった。かれの後継の曹丕文帝も、「寿陵は山を利用して本体を造り、土盛りや樹木を植えてはならない。陵の上に祭壇を建てたり、陵の周りに陵に附属する庭園や集落を設置したり、墓中に通ずる道を造ってはならない」（文帝紀）と命令している。それまで陵の山上に祭壇を建てたり、庭園を設けたり、陵の祭祀に奉仕する集落をおくのは普通のことだったのである。文帝の命令は魏晋時代の華北の貴族の間に相当普及した。

烈士暮年、壮心已まず

曹操の死に関連して、誰もが引く曹操の詩の一節がある。

「老驥《き》、櫪《れき》に伏すとも、　志、千里に在り。　（驥は一日千里を行く名馬、櫪はかいばおけ）

烈士、暮年、　　　壮心已《や》まず」

かれは年老いて、時に病に伏しても、若いときからの志を忘れられず、鬱勃《うつぼつ》たる胸の思いを捨てきれない。気性の烈しいかれは、晩年になっても、血気さかんな、はやる気持を抑えられない。かれは天下の安定という目標が達成しきれていないことを知っていて、多少の焦りをも感じていたのではないだろうか。その反面この詩では、あきらめの気持もないわけではない。

「盈縮《えいしゅく》の期は、　　ただ天のみに在らず、　　（盈縮はのびちぢみ、人の命をいう）

養怡《ようい》の福は、　　永年を得べきなり」　　（養怡は楽しみを養う。楽しいことを続ける）

（「歩して東西の門を出ずる行」の一部）

しかし天命にただ従う気持はない。あくまで自分の好むこと（それは仕事でもよいだろう）を続けることによって、永遠に生きることができるだろう。人並みのあきらめではない。天下の安定にかけた短い一生は終わるけれども、この仕事は誰かにひきつがれて、自分は永世に生きることになるだろう。

曹操の跡継ぎについては、正妻が生んだ長男の曹丕と、三男の曹植との争いが有名である。

袁紹・劉表についてのべたように、このような世継ぎの争いには、かならず臣下の分裂がともなう。曹丕・曹植の場合も例外ではなかったが、この場合には曹丕の支持者がはるかにおおかったように思う。この話は曹植が当代一の詩人であったので、その点に同情して話が大きくなった点もあるのではないだろうか。建安十五年十二月の令によると、曹操が三県二万戸を返還したことがわかるが、翌年正月、そのうちの五千戸を除いて、一万五千戸が曹操の三子の植・據・豹に五千戸ずつ分け与えられた（武帝紀注所引『魏書』）。それにたいし同月、「世子」の曹丕は五官中郎将（天子の側近の郎官を取り締まる最高の官）に任じられ、丞相（すなわち曹操）の副官ともなった。

これで曹丕の地位は確定したようにみえる。それでも曹操は、曹植の文才を愛して狐疑逡《しゅん》巡《じゅん》するところがあったらしい。英雄も父親ともなれば、平凡な人間に帰ってしまうのだろうか。この問題については諸臣がおそれて口を出さなかったなかで、崔琰《さいえん》は思いきって次のようにいった。

「春秋の義では、長子を立てることになっています。そのうえ五官将は仁孝・聡明です。正統を継ぐのが当然です。私は死ぬ覚悟でお守りします」

毛玠や賈詡《かく》は、袁紹や劉表が嫡庶を分けないで国を失った例を挙げて諫めた。また刑顒《けいぎょう》は曹植の家丞となったが、律義なかれは文人の曹植とあわなかった。かれも「庶（次子以下）をもって宗（長子）に代えるのは、むかしから戒められていることです。殿下はこのことをよくお考えください」と上言した。曹操はこれを聞いて、刑顒を曹丕の傅（補佐役）に任命した。このように曹操は諸臣の言を嘉納したのであるが、直言の士は災いにあいやすい。のちにこれとは別の理由で、崔琰は死を賜い、毛玠は官を免ぜられた。

しかしこれらの直言の結果、建安二十二年、曹丕が魏王国の太子と決まった。これとならんで曹操は曹植を支持していた揚脩を殺した。だから曹操が死んだとき、曹丕が跡を継ぐのが順当だったのである。曹丕が兄弟のうち、最もすぐれた政治的感覚の持主であったことは確かであろう（曹丕即位後、揚脩とともに曹植の側近であった丁儀・丁廙《い》も、ただちに殺された）。

六章　曹操をとりまく人材

長江に宴して，曹操詩を賦す（清綉像本三国演義）

1　曹操、人材を求める

人材を渇望する詩

曹操が人材を渇望していたことは、かれの詩のなかでもとくに有名な「短歌行」によく現れている。

「酒に対しては当《まさ》に歌うべし、
　人生幾何《いくばく》ぞ、
譬《たと》えば朝露《ちょうろ》の如し、
　去りゆく日は苦《はなは》だ多し。
慨しては当《まさ》に以て慷《こう》すべし、
　憂思《ゆうし》忘れ難し、　（慨・慷ともに精神の高ぶる様をいう）
何を以てか憂いを解かん、
　唯《た》だ杜康《とこう》有るのみ。　（杜康は酒の異名）

青青《せいせい》たる子《きみ》が衿《えり》、
　　悠悠たる我が心、
（青青は書生の服装、『詩経』にある句。人材を求める気持ちを歌う）
但だ君が為の故に、
　　沈吟《ちんぎん》して今に至りぬ。
呦呦《ゆうゆう》と鹿は鳴き、
　　野の苹《くさ》を食《くら》う、
（ここには『詩経』の「鹿鳴」を引く）
我れに嘉賓《かひん》有らば、
　　瑟《しつ》を鼓し笙《しょう》を吹かん。
明明として月の如きも、
　　何れの時にか掇《と》るべき、
（月のような輝く人材を求める）
憂いは中より来り、
　　断絶す可からず。

陌《はく》を越え、阡《せん》を度《わた》りても、
　枉《ま》げて用《もっ》て相い存す、
契闊《けいかつ》には談讌《だんえん》して、
　心に旧恩を念《おも》う。
月明らかに星稀れにして、
　烏鵲《うじゃく》南へ飛ぶ。
樹を繞《めぐ》ること三匝《さんそう》、
　何れの枝にか依る可き。
山は高きを厭《いと》わず、
　海は深きを厭わず。
周公は哺《ほ》を吐きて、
　天下は心を帰しぬ。」

（阡陌は東西南北の道。野山を越えても）

（契闊は久しく会わない友）

（頼るべき主人を見出しかねている人材がいるだろう）

（周公は食事中の飯を吐き出しても人に会っ

たという。そうして人材を求めた）

この詩がいつ作られたかははっきりしない。『三国演義』は赤壁の戦いの前夜に、曹操が槊《ほこ》を横たえてこの詩を歌ったことにしているが、もちろん創作である。これを建安十五（二一〇）年の「求賢令」に比する人もいる。

才能の尊重

そのころ天下の人士たちは、自己を高く評価してくれる英雄のもとに集まろうとしていた。もちろんその英雄が群雄にぬきんでて、乱世を克服する実力の持ち主でなければならなかった。だから有望そうな群雄のなかを渡り歩く人々がいて、それらの心を収攬《しゅうらん》することが、君主にとって争覇戦を勝ち抜く第一の条件であった。曹操がそのことをよく認識していたことは、官渡の戦いののち、袁紹に通じようとした多数の人々の手紙を、開封せずに焼き捨てさせたことに現れている。天下の人士のなかでも、有能な人材はそうおおくない。

曹操はかつて魏《ぎ》种《ちゅう》なる人物を孝廉に推薦したことがあった。兗《えん》州で張邈《ちょうばく》が反乱をおこしたとき、曹操は「魏种だけは私を見棄てないだろう」と言ったが、その魏种が逃げたと聞くと、「南方の越に逃げようが、北方の胡に逃げようが、お前をそのままにしてはおかないぞ」

とかんかんになった。ところがのちにこれを生け捕りにすると、「唯《ただ》其れ才なり（才能さえあれば）」と言って、いましめを釈《と》いてふたたび採用したという。これは建安四（一九九）年のことであるが、「唯其れ才なり」という言葉は、ずっとのち曹操の人才主義をしめす代表的な布令のなかに、「唯才を是れ挙げよ」という表現であらわれる。

この話と同様に、曹操が文士としての才能豊かな陳琳《ちんりん》を許した話は有名である。陳琳ははじめ袁紹の秘書となって、袁紹のために檄《げき》文を書き、有ること無いこと曹操の悪口雑言を書き連ねた。曰く、「曹操の祖父曹騰は宦官で、仲間とともに悪業を働き、放埒《ほうらつ》な行いによって人民を虐げた。父の嵩は乞食から拾われて、賄賂によって位を盗んだ。曹操はよけい者の宦官の醜い子孫で、もとより徳望なく、狡猾・乱暴なやくざで、乱を好み災禍を楽しむ輩である」。曰く、「天子を擁立するようになってからは、朝政を独断専行、封爵・恩賞は心のまま、刑罰は口から出まかせ、寵愛する者の栄転は五宗《そう》（宗族の範囲）におよび、憎悪する者は三族まで皆殺しにした」。曰く、「操は皇族の墓を発掘し、棺を壊して死骸を裸にし、金銀財宝を略奪した。そのために発丘中郎将・摸金《もきん》校尉を任命し、いたるところを破壊し、暴かれない遺骸はなかった」。等々。この檄文はもっと詳細な長文で、魏志袁紹伝の注に引かれた『魏氏春秋』という本に載せられている。袁紹が敗れ、陳琳が帰順して詫びをいれると、曹操はその文才を惜しんで、臣下に編入した。ただそのとき曹操は、「自分の罪状を挙げるのはかまわないが、父祖にまでさかのぼる必要はあるまい」といったという。やはりその出身を気にしていたのである。

もう一人畢諶《ひつじん》という者がいた。曹操が兗州刺史だったとき、その治下から採用したのだが、張邈の反乱がおきたとき、母・弟・妻子を人質にされた。曹操は君臣の関係を断って、「お前の老母が向こうにいる。行ってよいぞ」といった。畢諶は二心の無いことを誓って、郷里に逃げ帰った。その後呂布《りょふ》が敗れると、諶は生け捕りになった。人々が心配していると、曹操は「そもそも親に孝行な者で、君に忠義でない者がおろうか。自分が必要とする者だ」といい、魯国の相にしたという。

また刑顒《けいぎょう》は田疇と友人であったが、曹操の人がらを見こんで臣下となった。広宗県（河北南部）の長であったとき、まえに上官であった将軍が死んだので、勝手に官をやめて喪に服した。司直がそれを告発したが、曹操は「旧君に篤いのは、節義を守る人間であることをしめしている。問題にするな」といい、やがてまた官に推薦した。

有事には功能が必要

袁紹が死んだのち、建安八（二〇三）年、曹操は「庚申の令」という布告を出した。「議論をする者のなかには、軍吏は功能（功績・能力）があっても、徳行が郡国の長官に選ばれるには足りない者がいる、という者がいる。いわゆる『ともに道をゆくべきも、いまだともにはかるべからず』というわけである。（しかし）管仲《かんちゅう》は『賢者が能によって禄をうければ、上に立つ者は尊ばれ、戦士が功によって禄をうければ、兵卒は死をも軽くみる。この両者が国にそなわれば、天下は治まる』と言っている。無能の人や闘わない人が禄賞を受けながら、功を立て国を興すことができるということは聞いたことがない。それゆえに明君は功無き臣に官をあたえず、戦わない士に賞をあたえない。平和な時代には徳行を尊ぶけれども、有事の際には功能ある者に賞をあたえる。論者の言は管の中から外を覗《のぞ》いている虎に似ているではないか」。（武帝紀注所引『魏書』）

原文には「治平には徳行を尚《とうと》び、有事には功能を賞す」というが、これは曹操のいわゆる人才主義をしめす最初の公式な表明である。ただしここではなお徳行の士に遠慮しているようにみえる点がある。徳行を尊ぶ士人が多かった袁紹の部下たちを受けいれなければならない状況があるのだけれども、それには功能を評価するという宣言をおこなったわけであろう。

唯才を是れ挙げよ

建安十五（二一〇）年、赤壁の戦いののちに、曹操が「求賢令」といわれる布令を出したことは、第五章（一三二頁）でその時の状況とその内容を説明したから、ここでは省略する。上に引いた「唯《ただ》才を是れ挙げよ」という文言が出てくるのは、この布令のなかである。要するに「廉士」である必要はなく、また身分に関係なく貧賤であってもよい、ただ才能さえあればよい、そういう人間を推薦せよといっている。前の文に比べると人才主義は徹底してきている。

「求賢令」という名称があるのは、この布令の冒頭に、

「昔から創業の君主や中興の君主で、賢人君子を得てこれとともに天下を治めなかった者があろうか。その賢人を得るについては、かつて閭巷《りよこう》（民衆の集落）に出むかなかったら、どうしてうまく出会えたろうか。上にある人がこれを求めたからこそ得られたのである。いま天下はなお安定していない。これはとくに賢を求めるのを急務とする時期である」（武帝紀）

という言葉があるからである。しかしここで曹操が賢人といっているのは才能ある人間で、徳行ある人間は排除されている。それは五章に引いた布令の続きの文から明瞭である。

建安十九（二一四）年十二月乙未の日には、次のような布令を出した。

「それ行あるの士は、いまだかならずしも進取なる能わず。進取の士は、いまだかならずしも行ある能わず。（陳平・蘇秦は徳行がなかったが進取であった例をあげたのち）これに由って言えば、士に短所があっても、どうして廃することができようか。役人たちが明らかに此の意味を理解するならば、忘れられて出世できない士はいなくなり、仕事が行われていない官職はなくなるであろう」。（武帝紀）

徳行と進取はかならずしも一致しない。徳行のある士を採るよりは、短所があっても、実行力ある人間を採れといっている。

たとえば丁斐《ていひ》という役人は、しばしば汚職をやって弾劾されたが、曹操はいつも弁護して言った。「あいつは犬だ。魚をごまかすこともあるが、鼠をとることもある」。

不仁不孝でもよい

建安二十二（二一七）年八月には、この「短所があっても」というのを、もっと具体的に述べてている。有名な「不仁不孝」でもよいという言明である。
「むかし（殷に仕えた）伊尹《いいん》と傅説《ふえつ》は賤人から出た者であり、（春秋時代の）管仲は桓公の敵であったが、みなこれを用いて国を興した。（漢高祖の臣の）蕭何や曹参は県吏であり、韓信や陳平は汚辱の評判や、人に笑われるような恥辱を背負いながら、ついに王業を成し遂げ、名を千載に残した。（戦国時代の）呉起は、将軍の地位に固執し、（敵国出の）妻を殺して信用をえた。金をばらまいて官を求め、母が死んでも帰郷しなかった。けれども彼が魏にいたときは、秦が東に向かおうとせず、楚にいたときは、三晋（韓・魏・趙）が南を謀ろうとはしなかった。いま天下をみるに、至徳の人が民間にかくれていないわけがなかろう。それに勇敢で我が身を顧みず、敵にたいして力戦する者、もしくは俗吏でありながら、高い才能、すぐれた性質をもち、将軍・太守の職に堪える者もあろう。あるいは汚辱の評判や人に笑われるような行いがあったり、あるいは不仁不孝でありながら治国用兵の術がある者がいるであろう。そこで各人は知っている人物を推薦し、落ちこぼれのないようにせよ」（武帝紀注所引『魏書』）
ここで「至徳の人」というのは、伝統的な儒教道徳の体現者を意味するのではない。儒教道徳で最も重視される仁と孝とを否定して、「不仁不孝」でも「治国用兵の術」があればよいといっているのであり、曹操ははっきりと価値の転換をおこなっているのである。

2　曹操政権と大姓・名士

清流名士から貴族へ―曹操政権の位置づけ―

三国時代にはじまる魏晋南北朝は、貴族政治の時代だといわれる。あるいは政治ばかりでなく、社会全体が貴族制的な特徴をもつとして、これを貴族制社会とよぶ人もいる。そしてこれら貴族社会の源流を尋ねれば、後漢末の清流豪族・清流名士（大姓・名士）たちの世界にいきつくというのが通説である。曹操の時代もこのような大姓・名士らが幅をきかせた時代であったことはまちがいない。それでは曹操はこれら大姓・名士たちにどう対処したか、上にのべた人才主義はそこではどういう役割をはたしたか、ということを考えてみなければならない。

魏晋南北朝の貴族が後漢末の清流名士の系譜をひくとしても、清流名士たちは反宦官闘争を通じて、中央政府に反対する側にあったのであるから、それらが中央政府の政治を左右する貴族となるには、名士社会の側の変質が想像されなければならないであろう。そしてその変質を促したものが何であるかを考えるならば、曹操政権の人材採用・人材活用の政策が名士社会にどういう影響をおよぼしたかということが、重要な課題として浮かびあがってくる。

荀彧と人材推薦

曹操と大姓・名士との関係をたずねるならば、比較的はやい時期に曹操と密接な関係をもち、多くの人材を推薦し、そのうえ曹操の統一戦争に功労のあった人物として荀彧《じゅんいく》の名を挙げなければならないであろう。荀氏は潁川《えいせん》郡の大姓で、荀彧の祖父は後漢末の清議の人士として名高く、その八人の子は「八竜」とたたえられた。その一人の緄《こん》の子が彧である。

荀彧の伝によると、若いとき何顒《かぎよう》に認められて、「王佐の才」と言われたという。『後漢書』何顒伝には、何顒が荀彧のことを「王佐の器」と称した話が出ているが、その時期については二章（二一六頁）で考証した。また曹操の先代の曹褒《ほう》（曹嵩の伯父）は潁川太守をしていたことがあるから、潁川の名士と曹氏との間には接触があったかもしれない。

魏志 鍾繇《しょうよう》伝注に引く謝承の『後漢書』に、潁川太守陰脩が察挙した人物中に主簿荀彧の名がみえる。荀彧は型どおりはじめ郡吏となり、それから孝廉に挙げられて亢父《こうふ》県の令になった。董卓の乱に官を棄てて郷里に帰り、父老らに、潁川は戦場になるから避難するよう勧告するが聞きいれられなかった。たまたま同郷の冀州牧韓馥《かんふく》に誘われたので、宗族をひきいて冀州にむかったところ、この地が袁紹に奪われたので、袁紹に仕えることになった。袁紹も何顒に認められた一人であるから、荀彧は袁紹と旧知の間柄であったと思うが、袁紹の人がらを見限って、やはり旧知の曹操に帰した。

曹操が挙兵したのは一八八（中平六）年、荀彧が曹操に帰したのは一九一（初平二）年、この年曹操は東郡を奪って拠点を得、袁紹から東郡太守に推薦されるのであるから、荀彧はそれをみて曹操のもとに奔《はし》ったのである。曹操の参謀としてはたした荀彧の役割については、ときに前の章で述べたことがあるが、かれは名士の登用にも最も功績があった。

本伝によると、曹操は荀彧をつねに相談相手としていたが、あるとき「卿に代わって、自分の参謀になれる者は誰か」とたずねると、「荀攸・鍾繇」と答えた。これよりさき策謀の士として戯志才《ぎしさい》を勧め、志才が死ぬと郭嘉《かくか》を進めた。曹操は彧を「人を知る」ものとみなし、かれが勧めた者をみな要職につけた。人物評価が流行していた当時には、「人を知る」

という成語が作られ、そのように評価される者が尊重されたのである。

本伝の注に引く『荀彧別伝』には次のようにいう。

「前後に推薦した者は、一代の大才ばかり。邦邑ではすなわち荀攸・鍾繇・陳羣《ちんぐん》、海内ではすなわち司馬宣王（司馬懿《い》）、および当世に名高い郗慮《ちりょ》・華歆《かきん》・王朗・荀悦・杜襲《としゅう》・辛毗《しんぴ》・趙儼《ちょうげん》等の人々を招き、そのなかから終に卿相と為った者は、十数人を数えた。士を取るのに一つの基準によるわけではなかった。戯才志・郭嘉は「俗に負《そむ》くの譏《そしり》あり」、杜畿は気位が高く、飾り気がなかったが、皆知謀がすぐれているというので推薦し、終におのおのが名を挙げたのだった」

「邦邑」とは荀彧の郷里の潁川を指す。彧の推薦者には同郷の潁川出身者が多く、ここに挙げられた者では、一族の荀攸・荀悦、郡吏時代の同輩の鍾繇、のちに九品官人法をつくって同郷者の推薦を制度化した陳羣のほか、杜襲・辛毗・趙儼・戯志才・郭嘉ら、十三人中九人が潁川の出である。そのうち趙儼・戯志才は家世不明であるが、その他は大姓か名士であり、他郷出身者もみな大姓・名士といってよいようである。そのほか荀彧が推薦したと伝えられる者に、孫資（魏志劉放伝注所引『孫資別伝』）・仲長統（『後漢書』本伝）があり、これらも名士と考えられる。「俗に負くの譏あり」といわれるのは、名士社会の道徳感情からつまはじきされていたことを指すのであり、そのような者をも荀彧が推薦していたことをしめすが（ただし同郷人である）、そのほかはまっとうな名士であったとしてよいであろう。

名士登用の時期

潁川は当時の名士社会の中心であったが、川勝義雄は曹操政権の首脳に、潁川派とならんで、北海（山東）派があったとみなし、上記荀彧推薦の華歆・王朗のほか、崔琰・国淵・王脩らを挙げている。その他に邴原《へいげん》・管寧らも北海出身である。川勝によると、潁川グループの中核は荀氏・鍾氏・陳氏、北海グループの中心は鄭玄《じようげん》と孔融にあったという。潁川グループに属する上記の人々や、北海グループの人々をみると、荀攸・鍾繇・陳羣・郭嘉・杜襲・辛毗・趙儼・国淵・邴原・管寧らは、一九六（建安元）年曹操が漢の献帝を擁するようになったとき、漢王朝の官吏や司空曹操の属官として任命された者が多い。孔融もこのとき献帝の側近に徴せられて、曹操と接触するようになったのである（鄭玄ははやく死んだので曹操とは関係ない）。

これよりさき一九一年に帰属した荀彧についで、翌一九二（初平三）年、曹操が兗州牧になったとき採用された程昱・毛玠・于禁、一九五（興平二）年、呂布を討った前後に曹操についた袁渙《えんかん》・楽進・張遼・臧覇《ぞうは》らがある。程昱は荀彧とともに初期の曹操の作戦に功があったが、これらの人々は袁渙を除いてさほどの名士ではない。ところが翌年曹操が漢帝を手中にしたことによって、名士の参加が急におおくなったのである。名士らにとって漢王朝の権威はまだたいへん大きかったのであり、曹操にとって漢帝擁立が非常に意味をもったことがうかがわれる。

その後二〇〇（建安五）年以後、袁紹に勝って河北を平定したのちに、上記の「治平には徳行を尚び、有事には功能を賞す」という、曹操のいわゆる人才主義をしめす最初の令が出されている。しかし名士を擁していたことで名高い袁紹を破ったのであるから、このときおおくの名士が曹操に降ることになった。魏志郭嘉伝注に引く『傅子《ふし》』に、

「河北がすでに平定され、太祖はおおく青・冀・幽・并各州（袁氏の旧領土）の知名の士を辟召《へきしょう》（選挙によらずに、官吏に推薦すること）し、しだいにこれらを臣下として使用し、省事（三国志集解は「従事・徵事」の誤かという）・掾属とした。それはみな嘉の謀によるのである」

とある。

唐長孺は清河（河北）の崔琰や北海の王脩らはこのとき抜擢されたとする。とくに崔琰は魏志本伝に、「太祖、袁氏を破り、冀州牧を領し、琰を辟して別駕従事と為す」とあり、やがて丞相の東西曹掾属《えんぞく》となって選挙を掌ったから、冀州の人士の採用は崔琰によるものもあろうという。これよりさき孫策・孫権のもとにいた王朗・華歆も官渡の戦いのころまでに徴用に応じていた。とすると潁川グループに比べて、北海グループの形成は多少遅れるといえるかもしれない。

南方の平定と名士採用

華北をほぼ平定しおえた曹操は、二〇八（建安十三）年南方に兵を出し、荊州を征服した。『後漢書』劉表伝にそのときのことを次のようにしるしている。

「操の軍が襄陽《じようよう》に到達するにおよび、琮《そう》は州を挙げて降参したいと願った。……操は琮を青州刺史とし、列侯に封じた。蒯越《ほうえつ》等、侯になった者は十五人におよんだ。そこで［韓］嵩を囚人から解放し、その名が尊重されているので、はなはだ待遇をよくし、州人の優劣を条品（順をつけて品評する）させて、皆抜擢してこれを用いた」

韓嵩は劉表の時代に曹操のもとに使いし、すでに操への帰順を勧めて劉表の怒りを買い、自由を奪われていたのである。曹操の軍が近づくと、越らとともに劉琮に投降を勧めた。曹操は韓嵩に同郷（荊州）の人物の優劣を品評させ、それに従って登用したというのである。

この年、孫権は劉備と呼応して合肥を囲んだが成果がなかった。この前後、孫氏治下の揚州の人士からも曹操の臣下となった者がいる。魏志劉曄《りゅうよう》伝に引く『傅子』に、

「太祖は、曄および蔣済・胡質等五人を徴した。みな揚州の名士である」

とあり、ここでも名士が注目されたことがしるされている。

門閥主義と人才主義

実はこの荊州・揚州の名士採用については、有名な何夔《かき》の上言が影響しているのではないかと思われる。二〇八（建安十三）年の初め、曹操は漢の丞相になり、何夔はその東曹掾になった。魏志何夔伝によると、そのときかれが次のように提言したという。

「殿が旗揚げして以来、制度は創られたばかりで、人物を採用する基本の所がまだはっきりしていませんでした。そのために各人がその仲間を引きいれたりして、時に道徳を忘れるような状態です。私の聞く所では、賢をもとにして爵を与えれば、人民は徳を慎

むようになり、実績をみて禄を与えれば、人民は仕事に励むようになるといいます。私が考えますのに、今後人を用いようとしたら、かならず先に郷里の評判を考慮し、長幼の順序を貴んで、その順を越えることが無いようにさせたいものです。忠誠正直への恩賞をはっきりさせ、公正実直への褒賞《ほうしょう》を明らかにすれば、賢・不肖の別は自然に分かれることになりましょう。また人物保証がことさらに事実を無視している場合の法令を整えて、所管の役人には別にその際の責任をとらせるべきだと存じます。……」

曹操政権前期の人材登用は、その時々の、個人的な抜擢によるものであって、制度的に確たるものがあったわけではない。そのために「各人がその仲間を引きいれる」というような状況が生まれたという。もともと漢代では門生・故吏が推薦されたし、後漢末以来の党人結成によって、コネをもとめて、名士の門に集まる人々がおおかった。これは「浮華」とよばれて、曹操などの最も嫌うものであったが、曹操の人士登用にもその弊害が現れていると、何夔はいうのである。

荀彧や郭嘉の人士推薦が、一般にそのようにみられたかどうかは知らない。何夔も賢や庸（実績）を採り、賞罰を明確にすることをのべて、人才主義をまるまる否定しているわけではないが、そのためにはまずその人格を郷里に問うことが必要だというのである。しかし郷里に問うとなれば、郷里をぎゅうじっている名士・大姓を優先させることになる。曹操も地方支配を安定させるためには、かれらの支持をえる必要があった。とくに曹操の本拠から遠い辺遠地帯の荊州・揚州においては、そのことが重視されなければならなかったのであろう。

しかしこのころから曹操政権の郷里重視が強まったかというと、問題がある。実は曹操の「唯《ただ》才を是れ挙げよ」とか、「不仁不孝にして治国用兵の術あれば、其れ各々知る所を挙げ、遺《のこ》す所ある勿《なか》れ」などという布告は、おおくはこれ以後の時期に出ているのである。これらの布告は、曹操の王朝建設志向と中央集権策が必要とされる状況のもとで出されたと考えられるが、あるいは政権のもとで実際には名士が多数を占めるようになり、何夔のような議論が高まってきたのに対抗して出された面があるのかもしれない。そしてこういう状況のなかから、郷里の世論（輿論《よろん》）によって挙げられる人物の徳性と、その人物の才能が一致するかどうかという、「才性論」といわれる議論がおこってくるのである。

元来漢代儒教の観点からすると、人物の徳と才とは当然一致するものとされていたのであるが、漢末以来豪族・貴族の腐敗が一方で進行すると、この観点の矛盾が暴露されるようになった。曹操の人才主義が生まれる背景はこういうところにあるのであるが、貴族的な伝統的思考がなお根強い時代であったので、曹操もその人才主義をはっきりと表明するのはかなり遅れるのであり、また曹操にしてはじめてこのような表明ができたのである。しかし曹操は何夔のような議論を否定することはできなかった。地方における大姓・名士の勢力がつよいかぎり、かれらと妥協しその協力をえる必要があったのであり、人才主義もそのような状況のもとで出された点を考慮しなければならないであろう。

3　人才主義と名士社会

郭嘉と名士社会

前節に曹操の名士あるいは豪族採用の記録をみてきたのであるが、名士と豪族はかならずしも同じではない。名士の大部分は豪族の出身であろうが、豪族といわれる人々には、田疇のごとき土着豪族もあれば、いわゆる濁流もある。上にあげた人々のなかでも、戯志才・郭嘉は、「俗に負くの譏あり」といわれている。これは名士社会の風俗にあわないので、かれらから非難をうけたということである。

郭嘉は袁紹の謀臣であった郭図と対面しており、ともに潁川の人であるから、おそらくは親族同士で、かれらは相当の家であったと思われる。しかし魏志郭嘉伝に引く『傅子』には次のようにある。

「郭嘉は若年にして遠い先を見通す力があった。漢末天下がまさに乱世に入ろうとするのを察して、二十歳のころより姓名や行跡を匿《かく》し、ひそかに英傑たちと交際し、俗世間と接触しなかった。そのため当時の人にはあまり知られなかったが、ただ見識のある者だけがこれを評価していた」

これは一般の名士が郷里社会で名声を挙げようとするのとは違った生き方である。乱世を予測して、逆に名を隠し、俗世間すなわち名士社会と接触しない生き方を選んだのである。その反面に、当時の社会からいえば裏街道を歩いていたような豪傑たちと交わったのであろう。だから郭嘉は名士らの道徳に縛られないところがあって、よく不品行だといわれはするが、それは名士の仲間内からの言であるから、割り引きして受けとらなければならない。

このような郭嘉を、名士中の名士である荀彧が推薦し、しかも自分の跡継ぎとまでいっているのである。名士たちも乱世のなかで実力ある群雄に頼らなければならないことを知っていた荀彧は、群雄の配下にも道徳より才能と行動力ある人間が必要であることを知っていたのだと思う。そして無頼の豪傑であった曹操も、この推薦を気にいっていたのである。

郭嘉伝にはまた次のような文がある。

「むかし陳羣は、嘉の品行が治まらないと非難して、しばしば朝廷に嘉を訴えたが、嘉は平然として意に介さなかった。太祖はいよいよますますかれのことを重んじた。けれども羣も能く正論を主張するので、またこれを悦んだ」

陳羣の正論というは、潁川の郷論を代表するものであろう。これにたいし同じ潁川の出身ながら、荀彧は政権のためにものを考えている。これは当時の名士社会が変貌し、この両面をもたなければならなくなったことをしめすものであろう。一方曹操の側にしても、郭嘉のような徳行には欠けるが能力のある人間を重用するとともに、陳羣のような地方郷里社会に根をおく名士をも尊重する必要があった。

「唯才を是れ挙げよ」以下の、曹操がたびたび出したいわゆる人才主義の布告は、とかく名士社会の風俗・思想に対立するようにいわれるが、前節で指摘したように、これらの布告は比較的遅い時期に出されているのであり、それより早く名士の側から郭嘉のような人物が推薦されてきているのである。名士社会が政権と接触して変貌してきていることを考慮しなければならないであろう。それは後漢末以来の地方名士らが、王朝貴族に変貌していく過程として考えられるであろう。ただし郭嘉を勧めた荀彧にしても、漢王朝を否定できずに自殺したのであるから、当時の名士たちが将来への展望をどれほど持ちえたか疑問である。

曹操・袁紹比較論

魏志荀彧伝には、荀彧が曹操と袁紹とを比較した論が載っている。このような比較論は郭嘉伝にも郭嘉の論として載っている。荀彧のは四か条、郭嘉のは十か条であるが、内容・字句に似た点があり、おそらくはもと中原の二大勢力であった袁紹と曹操との興味深い比較論が、民間に流布していたのが伝えられたのであろう。ここでは荀彧伝を比較的原文に忠実に引用し、郭嘉伝を意訳して比較してみよう。いずれもとくに人材登用にふれた部分である。

まず荀彧の言とされるのは次のとおりである。

「紹の貌は外は寛にして内は忌《き》。人を任じて其の心を疑う。公（曹操）は明達にして拘《かか》わらず（拘泥しない）、唯《ただ》才の宜《よろ》しき所のみ。……紹は世資《せいし》に凴《か》り、従容《しょうよう》として智を飾り、以て名誉を収む。故に士の能く寛《ゆる》やかで問いを好む者多くこれに帰す。公は至人を以て人を待ち、誠心を推して虚美を為さず。行い已《すで》に謹倹にして、功ある者に与うるには、悋惜《りんせき》（惜しむ）する所無し。故に天下の忠正・効実の士は、咸《みな》用いられんことを願う」

郭嘉の言なるものもほぼ同じである。

「紹には煩瑣《はんさ》な礼儀作法が多いが、公（操）は自然の姿に任せています。……紹は外は寛大にみえますが、内は猜疑心が強く、人を用いながらこれを信用せず、信任しているのは親戚・子弟ばかりです。公は外は簡単にみえますが、内は才能明晰、人を用いて疑うことがなく、ただ才能のすぐれている者は、身内と他人とを区別しません。……紹は累世にわたって得た財産を基礎に、高尚な議論と謙虚な態度により名声を得ました。議論を好み外見を飾る人物は多く紹のもとに集まりました。公は真心をもって人を待遇し、誠意をもってものごとを実行し、うわべを飾りません。つつましさをもって下を率い、功績のある者には惜しむことなく賞を与えます。誠実で先の見通しをもち実行力のある者は、みな公の臣下として採用されることを願っています」

ここでとくに注意したいのは、袁紹が累世の家門で、知識や礼儀によって名声を重んじ、かれのもとに集まる者も、才能よりもはでな議論を好む者がおおかったということである。これにたいし曹操は才能のみに重きをおき、はでな言動を排して、忠実で実効の挙がる者を採った。袁紹主従にみられるのは、後漢末以来の清議の士の典型的な特徴である。宦官の圧力に抗して死に物狂いで戦ったかれらも、元来が仕官を目的とする闘争であれば、有力者の門に大勢出入りして、議論（すなわち清議）に明け暮れし、たがいに仲間を推薦しあう浮華とよばれる風潮を当時から生み出していた。その敵が消滅し、名士の社会が確立するにともない、言動は実践から遊離して、浮華の弊害がますますはなはだしくなっていたのである。曹操は地方社会を握る名士を無視しなかったが、才能と実効に重きをおき、浮華を排した。

孔融の浮華

こういう曹操の政策に協力しなければならなくなったことから、清流名士のなかから、「事功派」ないし「権道派」ともよぶべき、権力に妥協・協力する人々が生じたという説がある。しかしこれらを清流名士の一派と考えるのではなく、清流名士社会の変化のなかから生じたとするのが、上に私が考えてきたことである。曹操のいわゆる人才主義も、これに対立するのは名士社会一般ではなくて、名士らの一部がもつ浮華の一面であったと思う。

こういう浮華の一面を代表し、曹操に嫌われて殺された者に孔融《こうゆう》がある。孔融については『後漢書』に独立の伝があるのに、魏志は曹操に遠慮しているのか伝を立てず、崔琰《さいえん》伝の末に

「もともと太祖（曹操）は好き嫌いの情がはげしく、我慢できない相手には、魯国の孔融、南陽の許攸・婁圭《ろうけい》があり、みな昔のよしみを頼んでわがままに振る舞ったので殺されてしまった。しかし（同じく殺されたなかでも）崔琰は世間から最も惜しまれて、いまにいたるまで冤罪《えんざい》だという声が絶えない」

とのべるにとどまるが、幸いに裴松之《はいしょうし》の注が『続漢書』『九州春秋』『漢紀』『魏氏春秋』等を引いて、伝記の体裁を保っているので、これによって孔融と曹操の対立点がわかるのである。

孔融は孔子二十世の子孫だという。子供のころから利発で、十余歳のころ、当時党人の代表として名の聞こえた李膺《りよう》の顔を見たいと訪ねていくと、李膺は「貴君のご父祖は、かつて当家と交際があったのですか」と尋ねた。すると融は、「はい。私の先祖の孔子と、先生の

ご先祖の李老君（老子、老子は李姓といわれる）とは、徳義を同じくし、おたがいに先生であり友人でありました。だから融と先生とは、何代にもわたっておつきあいした家がらです」と答えた。座中の人々はみな感心して、「えらい子供だ」と言いあった。遅れてやってきた者がこれを聞いて、「人間は小さいとき賢くても、大きくなってすぐれているとはかぎらないぞ」というと、融はすかさず、「では、おじさんの小さいときは、さぞお利口だったのでしょうね」とやりこめたというエピソードが伝わっている。

党錮《とうこ》のとき追われた張倹が、融の兄の孔褒《こうほう》を頼って逃げてきた。褒は留守だったが、当時十六歳だった融は、「私がお役に立ちましょう」といって倹をかくまった。のちにこのことが泄《も》れたが、倹は逃げおおせた。それで孔褒と孔融とが捕らえられたが、兄弟たがいに罪を譲りあって決しなかったので、結局中央に問いあわせて兄の方が処罰された。孔融の名はこれによって遠近に知れわたった。

その後融は、何進《かしん》に召し出されてしだいに出世し、三十八歳で北海国の相になったが、黄巾の乱の破壊をうけた城市を修復し、学校を建て、儒学の士を推薦した。鄭玄の郷里の高密県（山東）には、鄭玄の名をつけた鄭公郷という部落を設け、自分は子孫のとるべき礼をとっていた。その後青州刺史に転じ、建安元（一九六）年、中央の漢廷に戻った。

司馬彪の『九州春秋』によると、北海にあったとき、

「（孔融は）自分では、知能が優れていて、溢れる才能は一世に名高く、当時の俊傑もみな及ぶまいと思っていた。また大きな野望をいだき、まさに軍勢を挙げて甲冑を日に輝かし、おおくの賢人らとともに功業を求め、海内に勢力を扶植したい。碌々《ろくろく》として郡守に安住するわけにいかず、地方の大勢力に仕えて、時がくれば会合の場所に赴くだけだと言っていた」

このようにかれはたいへんな自負をもち、抱負だけは高かったのだが、

「しかしながらその任用する人間は、奇抜な者を好んで、変わった者を取るが、それらはみな軽薄な人間であった。学問のある人物には、表面上敬意をあらわし、礼を尽くしたが、いっしょに国事を論じようとはしなかった。……立派な議論や訓令は役所に満ち溢れ、語気は温雅で愛唱するには適していたが、事実にそくして考えると、ほとんど行いにくいものばかりであった」

このように軽薄なところがあって、実行力をともなわなかったから、黄巾に攻められて、

たちまち逃げ出す始末であった。『後漢書』孔融伝は孔融に好意的であるが、それでも書いている。

「融、其の高気を負《たの》み、志は難局を靖《やす》んずるに在り。而れども才は疎にして意は広く、ついに成功すること無かりき」

曹操と接触するようになっても、気位だけは高かったから、しばしば曹操を馬鹿にした。有名な話であるが、曹操が酒を禁じて、酒は亡国のもとだというと、「むかし桀紂《けつちゅう》は色を以て国を滅ぼしました。いまは結婚を禁じないのですか」といったり、袁紹が滅んだとき、曹丕が袁熙《き》の妻を奪うと、「武王は紂を伐って、妲己《だつき》（紂王の愛人）を周公に賜いました」といった。曹操は孔融が物識りだから、古典に書いてあることだろうと思って、その出典を問うと、「今を以て推しはかると、そうであったろうと想像しただけです」と答えたという。

『漢紀』には、かれが権勢を失ってからも、

「賓客日に其の門に満ち、才を愛し酒を楽しみ、常に嘆じて曰く、『坐上客常に満ち、樽《そん》中酒空しからざれば、吾れ憂い無し』と」

としるしている。

武帝紀注の『魏書』によると、袁紹でさえも、もともと孔融と仲悪かったからではあるが、かれを殺すよう曹操に書き送っている。そこには殺さなければならない理由が書いてあったにちがいない。そのとき曹操は名士たちの人心をえる必要からそのままにし、かえって袁紹との溝を深めたという。しかし孔融との関係が深まると、曹操はかれと気分があわないことを感じざるをえなくなった。とうとう建安十三（二〇八）年、孔融が孫権の使者にたいして、曹操を直接誹謗《ひぼう》する発言をしたという罪で、市場において死刑に処した。

吉川幸次郎『三国志実録』は、孔融についてのべている。

「この機智と名声と、そうしておそらくは容貌にも、めぐまれた名士は、曹操のもっとも好む型の人材、すなわち実務の才では、なかった。つまり曹操の企図する新しい時代を、曹操とともに促進し得べき人物ではなかった。……一方、孔融の方でも、曹操に多くの敬意を払わなかった」

「要するに孔融は、曹操と歩調をあわせ得べき人物ではなかった。過剰な論理、またその堕落した形態としてある過剰な機智、またそれらの人間関係に於ける表現として、論理を同じくし機智をおなじくし得る人々の間にふりまかれる過剰で放漫な友情、それらによって成り立つ後漢末文化人の、最後の代表者で、孔融はあった。それら後漢末の風気の中から、人間の精神を自由にする面だけを、巧妙に効果的に継承し、しかも過剰な部分は切りすてて、より多くの効果をめざす実際家の曹操とは、そもそも肌合いがあわなかったのである」

曹操は孔融を殺してしまったけれども、孔融のもった過剰な機知、過剰な論理が当時の社会から消えてしまったわけではない。名士の社交界で名を挙げるには、こうした機知や談論が最も適した性格をもっており、それらはのちの清談の特徴でもあった。そのいみでは孔融は、本来の清議からのちの清談へ移行する過程に、生きていたということができよう。

清談は、清議の名教（礼教）を否定した。曹操は孔融を殺した理由に、孔融に名教に反する言辞があったことを挙げている。たとえば平原（山東）の禰衡《でいこう》と放言して、「父と子の間には何の親しみがあるものか。その本を尋ねればただ情欲から出ただけだ。母と子の関係は、たとえば瓶の中に物を置いたようなもので、外に出てしまえばそれきりさ」といったようなことを挙げている。もちろん曹操は名教を口実として利用したのであるが、この話は禰衡の側で公然と伝えていたらしい。

禰衡は孔融と同型の人間で、二人は気があったらしく、衡は融のことを「孔子は死んじゃいないな」というと、融は衡のことを「顔回の生きかわりよ」といってほめあった。しかし禰衡は若いのに才能を頼んで傲慢、曹操をたいした人間ではないと見てとり、荀彧はいかめしい顔つきだから、「その顔を借りてお葬式にいくのによい」などと言ったりした。だからみんなに憎まれて、名刺を懐にしてゆくあてもなく、字が摩滅して使い物にならなくなった。そこで孔融は禰衡を曹操に推薦したが、曹操はその名声を顧慮して、かれを殺さずに荊州に放逐した。荊州ではじめ劉表の将軍黄祖に優遇されたが、もちまえの傲慢さで黄祖を怒らせて殺されてしまった（『後漢書』孔融伝・文苑伝、魏志荀彧伝注『平原禰衡伝』）。

禰衡には一種狂気のようなものがあって、ひとと相容れなかった。かれの面前で名士社会が変容を余儀なくされていたので、そういう時代がかれを反抗に駆り立てたのであろう。曹操は名士社会が重んじた単なる名声よりも、実行力とその効果を重んじたので、思想界では名と実との関係が問題になった。これはのちに清談の無名の論にいきつくといわれる。

ついでながら前に引いた崔琰伝にある許攸と婁圭は、曹操と若いころからの縁故があり、そのために曹操が偉くなってからも、恩着せがましい言辞があって、曹操を怒らせたのである。崔琰は手紙を曲解されて讒言にあって殺されたのである。前に曹操が人士の採用に腐心して、いったん敵陣に走った者をも、かれの覇業に役立つとみられるかぎり、これをまた採用したことをのべたのであるが、これと反対に、かれが殺した相手は、かれの権力に挑戦すると判断された者といってよいであろう。

4　寒門・単家の運命

寒門・単家の出世状況

曹操が実行力を重視したところから、当然名士でも豪族でもないいわゆる寒門・単家の人々が進出した。まず曹操が乱世のなかで兵を挙げ、武力によって諸方を征服したのであるから、兵士のなかから戦功によって成り上がった者があろう。魏志于禁《うきん》伝によると、于禁ははじめ鮑信《ほうしん》の兵士であったが、鮑信は曹操の挙兵に協力した者であったから、その関係で曹操の将軍の王朗に属し、その推薦をへて大将軍になったという。同伝には「このとき、禁、張遼・楽進・張郃《こう》・徐晃と、ともに名将たり」とあるが、このうちすくなくとも楽信・張郃は家がらがさほどよくないといってよいだろう。曹操はこれらのうちのおおくを、身のまわりにおいて親兵の指揮者とした。

魏志裴潜《はいせん》伝の裴注には、「『魏略』の列伝は、徐福・厳幹・李義・張既・游楚・梁習・趙儼・裴潜・韓宣・黄朗十人を以て巻を共にす」とある。これらは寒門上がりの人物をまとめて一巻としたらしい。このうち厳幹・李義は馮翊《ふういく》（長安の北）の東県の人であったが、東県に冠族がいないのが幸いして、馮翊の甲族らに徳性を認められた。黄朗は他郷に遊学して、郷里から離れた場所で能力を知られた。韓宣も郷里を出て、丞相府の役人となって高官に会う機会をつかんだという。同郷に名士がいる場合には、どうしても圧迫を受けたらしい。

やはり『魏略』の張既の部分は、魏志張既伝注に引用されている。それには馮翊郡の小吏であったかれが、

「自ら思うに、家が寒門であるから、自然に上位に達することはないであろうと考えた。そこでいつも良質の刀筆と簡牘《かんとく》（木や竹の札とそれに字を彫ったり書いたりする筆）を用意しておき、これらを切らした高官があるのを知ると、すぐにもこれを供給するようにして、そのために認められた」

としるされている。日常の筆記具を貯めておくというのであるから、細心の涙ぐましい努力であるが、ともかく寒門としては認められなければどうにもならないのである。

やはり『魏略』によると、張既が郡吏であったとき、功曹（郡の長吏）に徐英という者がおり、張既を鞭《むちう》ったことがあった。徐英は「馮翊の著姓」であったので、張既が出世したのちも挨拶しなかった。

「自分の家がらがすでに勝り、郷里においては自分の名前が前にあると考え、おまけに以前既を辱めたことがあったので、既が高い官位にあることを知っていたが、ついに何かを頼むことはあえてしなかった」

既の方が官位は上になったのだと思うが、郷里では英の方が上なのである。だから英の蔑視の気持ちは変わらないのである。

もっとはなはだしいのは、魏志王粛伝注の『魏略』にみえる薛夏《せっか》の例である。薛夏は天水（甘粛）の人で、「博学にして才あり」といわれた。天水には姜《きょう》・閻《えん》・任《じん》・趙の四姓があって、これがいつも郡の上位に推される名族であった。ところが夏は単家なのに、これに屈服しようとしないのでたいへん憎まれた。そこで夏は郷里を逃げ出して都に出たところ、曹操はその名を聞いて、はなはだこれを礼遇した。それでも四姓は都に手をまわして夏を捕らえ、これを潁川郡に移して獄につないだ。曹操は出征中にこれを聞いて、夏が殺されると判断し、潁川郡に通告してこれを解放させ、軍謀掾に任命した。薛夏は病死するとき、その子に天水には帰るなよと遺言したという。単家の優れた人物と、郷里の有力者との間の軋轢はこのようなものであった。だから政権の側から積極的に優遇しようとしても、本人と郷里との対立はなくならなかった。

六朝貴族社会の淵源―国家と地方社会―

上記の裴潜伝の注に引く『魏略』は、最後に著者魚豢《ぎょかん》の感想をしるし、これら寒門の人々の才能と努力がなみなみならぬものであったことをのべて、

「各人が根を石の上にしっかりと著けて、蔭《かげ》を千里の遠方にまで及ぼすのは、けっして容易なこととは言えない」

と結んでいる。森三樹三郎はこの文を引いて、曹操の門閥本位否定、能率主義的な人材採用にもかかわらず、寒門出身者のおおくが大をなさず、たいてい一代限りで終わったことを、魚豢が慨嘆したのだという。寒門出身者は個人の能力によって現れたのであるから、名門の

仲間入りができないかぎり、家としての存続は難しかったのである。

魏志王粲《おうさん》伝注の『魏略』には、やはり単家の出である呉質の伝をのせている。「もと質は単家であって、若いときから中央の貴族・外戚のあいだを交遊してまわっていた。思うに郷里の人々と運を共にする気はなかったのである。それゆえすでに官についたのちにも、本国はこれに士としての名義（原文「士名」）を与えなかった」

かれも単家であるから、はやく郷里を出てしまったのであるが、そこで才能を認められて仕官がかなったのであろう。上記の例でも他郷で認められた者が多く、結局は曹操の官廷の人才主義によって救われている。しかしそうなっても、郷里ではかれの地位は認められない。それをここでは「士名を与えず」と表現している。各地に士と認められる者の名簿があったのである。元来国家の支配者を指した「士」の語が、ここでは郷里の支配者を指す語に転化している。中村圭爾はここに六朝貴族社会の士身分と、士庶区別の淵源を認めている。

私はさきに曹操の政策と関連して、後漢末以来の名士の側にも変化がみられると推測した。そのことがなければ、はじめ政権と対立していたかれらが、王朝貴族となっていく過程があきらかにならない。反面名士の郷里における独自の秩序は頑として存続し強化されていく。

そのような六朝貴族社会の特質を中村は指摘しているのである。

曹操の後に文帝曹丕が立って九品官人法（九品中正制度）を施《し》く。中国では秦漢以来、国家と地方社会との二つの秩序が存在したのであるが（堀『中国通史』参照）、九品官人法は曹操をへて成立した上記の新しい二つの秩序を継承している。すなわち政権のがわの人材登用の主導権を前政権から引きつぎながら、郷論を基礎にする名士社会に対応している。しかし曹操から曹丕へ代がわりし、陳羣によって制定されたこの制度は、どちらかというと、人才主義よりも郷論重視に傾いている。その方が王朝を安定した基礎の上におくことになったであろうが、曹操のような主導性は失われることになり、それゆえにこの制度が、いわゆる貴族制社会を成立させていく契機になるのである。

七章　建安文学の誕生

曹操大いに銅雀台に宴す（清綉像本三国演義）

1　曹操と建安文学

建安文学の土壌

世にいう建安文学は、後漢の献帝の年号である建安をもって名づけており、それは曹操以下、曹丕・曹植や、建安七子などとよばれる代表的な詩人たちの活動していた時代の産物である。しかし曹操はとにかく、曹丕以下の人々のうちには、後漢が滅んで建安の年号がおわり、曹丕が魏王朝を建国したしばらく後も活動をつづけた人々がいる。曹丕の時代の主要な年号は黄初であるから、建安文学といっても、黄初の時期をもふくむとふつう解されている。

この時代の文学がどういう意義をもつかというと、漢代盛期の文学が辞賦といわれるものを主とし、宮廷を中心に作られて、皇帝の御代や国都の盛況などを、仰々しい言葉で飾り立てるものが多かったのにたいし、後漢末には漢帝国が傾くなかで、新しい時代を自らの手できり開いていこうとする知識人が生まれ、その行動・生活・環境等を、新しい形式の詩に表現するようになった。その新しい時代をきり開いたのは、むろん曹操を主とする人々であるが、新しい詩風もまた、曹操父子の周辺に集まった人々によって創造されたのである。そしてここで生まれた詩風が、大勢としていえば、のちの唐詩にまで発展していくわけである。

建安文学の特徴の一つは、はじめて詩において集団的創作がおこなわれたことにあるとされている。この集団を狭い意味にとって、後世でもしばしば現れたような、パトロンを中心とする一定の文学サークルと考えるならば、それは曹丕を中心として現れたといえるようであり、曹丕がそのような地位につきえたのは、建安十六（二一一）年、かれが五官中郎将になってからだと、鈴木修次はいう。

「はじめ文帝（曹丕）が五官将になって、平原侯の曹植とならんでみな文学を好んだ。王粲と、北海（山東）の徐幹字《あざな》は健長、広陵（江蘇）の陳琳字は孔璋、陳留（河南）の阮瑀《げんう》字は元瑜《げんゆ》、汝南（河南）の応瑒《おうとう》字は徳璉《れん》、東平（山東）の劉楨《りゅうてい》字は公幹らとは、みな丕の友人としてよく処遇された。幹は司空軍謀祭酒の掾属・五官将文学と為った。」（魏志王粲伝）

王粲をはじめとするこれらの六人は、このときすでに死んでいた孔融を加えて、曹丕が「七子」として挙げている人々である。五官中郎将には文学という官属が設けられ、それにはまず徐幹が任じられて、そこに仲間たちが集まった。
　しかし建安文学の精神といわれる慷慨・気質・風骨等が現れる背景を考えるならば、曹丕をめぐる狭いサークルを挙げるよりも、曹操が中心となって疾風怒涛のごとく中原を駆け巡った時代をこそ、建安文学を生み出した土壌として注目しなければならないであろう。その集団的創作の場は、曹操とその臣下とが一体となって駆け巡った戦塵のなかにあったであろう。戦場で「槊《ほこ》を横たえて詩を賦す」という言葉は、古来曹操ないし曹操父子についていわれているのである。

「昔曹操・曹丕、馬に上りて槊を横たえ、馬を下りて談論す」（『南斉書』桓栄祖伝）
「曹氏父子、鞍馬《あんば》の間に文を為《つく》り、往々槊を横たえて詩を賦す」（唐、元稹《げんしん》、杜君墓係銘）
「酒を釃《く》んで江に臨み、槊を横たえて詩を賦す。固《もと》より一世の雄なり。而るに今安《いず》くにか在る」（宋、蘇軾《そしょく》、赤壁の賦）
「魏武、雄一世を蓋《おお》い、槊を横たえて詩を賦す。其の為る所の『短歌（行）』『苦寒（行）』二篇、直ちに漢家両風の座を奪わんと欲す」（清、呉淇《ごき》、六朝選詩定論）

松本幸男は、曹操以下の詩に「従軍文学」ともいうべきものがおおいことを指摘し、それらの詩や作者と、実際におこなわれた戦役との関係をあとづけている。そしてこのような従軍という共通の体験によって作られた詩が、作者同士を結びつけ、詩壇ともいうべきものを形成する前提になったという。

次に宴会の席での創作である。曹操は戦塵のあいまにも酒席を設け、そこで部下たちを慰労するとともに、詩を詠じあったことがあるであろう。曹操自身ははやくから詩を作り、それを楽曲に付して歌ったというのであるから、そこには当然その詩を聴くものがあり、同様な作詩は部下の知識人にも強要されたであろう。しかし宴会のなかで最も有名なのは、建安後期の銅雀台でのそれであり、それについては魏志陳思王［曹］植伝に、次のような文がある。

「時に鄴《ぎょう》の銅爵台新たに成り、太祖悉《ことごと》く諸子を将《ひき》いて台に登り、各々をして賦を為《つく》らしむ。植、筆を援《ひ》いて立ちどころに成る。観る可きなり。太祖甚だこれを異とす」

銅雀台の宴であれば、もちろん曹操が主人になって、開かれたのである。「登台賦」と題する賦は、曹操にも曹丕にも曹植にもある。曹丕の賦には「建安十七年春」の語があるけれども、建安十五年銅雀台が造られてから、こうした宴会での詩賦の応酬は何度もおこなわれたことであろう。ここでの宴会は曹操が招集したであろうが、このほかにも曹丕・曹植らを中心とした宴会が開かれ、むしろその方がおおかったと思われる。松本はこのような詩賦の応酬を「会詠」とよび、『文選』は「公讌詩《こうえんし》」と称している。

このように会合と詩賦の応酬が盛んになれば、はっきりと詩壇と称すべきものが成立したといえるであろう。詩壇の成立とともに、宴会の席にかぎらず、詩人同士の間に詩のやりとりがおこなわれ、「贈答詩」とよばれるジャンルが生まれてくる。このような贈答詩の誕生も、建安文学の特徴といわれている。

民謡に倣って民謡を超える

建安文学が漢代の辞賦を離れて、新しい形式を獲得するには、何らかのモデルがなければならない。突然にして建安詩の形式が現れるわけではない。そのモデルとなったのは、漢代宮廷の辞賦とは別に、民間の無名氏によって作られ、民間で曲をつけて歌われていた歌謡である。それらは「楽府《がふ》」などとよばれて残っているが、そのほかに『文選』のなかに「古詩」と名づけられた一群の詩がある。後者は主として後漢時代の作品といわれ、不安な世相のなかで生きている庶民の哀歓が滲み出ているとされる。楽府にしても古詩にしても、五言詩という新しい形式をとっているのが特徴であるが、この形式が民間で歌謡として歌われるのに適していたのであろう。

そのような楽府や古詩の曲調は、おそらく曹操やそのまわりに集まった人々にとっては耳慣れたところがあったのではないだろうか。かれらはその詩の形式や曲調を採りいれて、そのなかに新しい時代の精神をもりこんだのである。実際曹操が作った詩をみると、多くが「○○行」と題して楽府の題をそのまま受けついでおり、五言詩の形式を採ったものも多いのである。すでに本書に引いた詩の例でいえば、「歩して東西の門を出ずる行」「短歌行」のごとくである。

次に「蒿里行《こうりこう》」と題する新たな例を挙げておこう。

「関東に義士有り、
　兵を興して群凶を討つ。（董卓を討つため群雄が挙兵した）
初め盟津に会するを期するも、
　乃《なんじ》の心は咸陽《かんよう》に在り。（盟津＝孟津で周の武王が会盟した故事）
軍合するも力斉《ととの》わず、

躊躇《ちゅうちょ》して雁行す。
勢利、人をして争わしめ、
嗣《つ》いで還《ま》た自ら相戕《そこな》う。　（群雄らが相争うにいたった）
淮南に弟は号を称し、
（兄は）璽《じ》を北方に刻む。　（弟袁術は帝号を称し、袁紹は劉虞を皇帝に擁立しようとした）
鎧甲《がいこう》には蟣蝨《きしつ》生じ、
万姓は以て死亡す。
白骨は野に露《さら》され、
千里に鶏鳴無し。
生民は百に一を遺《のこ》すのみ、
之れを念《おも》えば人の腸を断たしむ。」

これは「薤露行《かいろこう》」という作品とともに、曹操の初期の経験をのべて「史詩」と称されるものであるが、二詩ともに民間の葬式で歌われる挽歌《ばんか》の題をひきついで、歴史が経過するなかで生じた、荒廃した原野と百姓の苦しみを描写している。しかし古詩の場合などとちがって、そのような状況に絶望するのではなく、それを一掃して新しい秩序を打ちたてようとする決意を秘めているのである。

これらの詩は楽府の題にもとづいていて、すでにその曲調が知られているので、曹操はそれにあわせて自己の心中を吐露する詩を作って歌い、楽しんでいたのであろうと思われる。

『魏書』（武帝紀所引）のなかに、

「軍を御すること三十余年、手に書を捨てず、昼は則《すなわ》ち武策を講じ、夜は則ち経伝を思う。高きに登りては必ず賦す。新詩を造るに及んでは、これを管弦に被らしめ、皆な楽章を成す」

とあるのは、曹操の戦塵のなかでの読書と作詩をのべているが、作られた詩は楽器にあわせて歌われたことをしめしている。これは建安文学の出発点がどういうところにあったかをよくしめしていると思う。曹操は陣中に楽人をもともない、宴席等でかれらに伴奏させて、自作の歌を披露し、臣下にも作詩させ、歌わせていたのではないかと思われる。そしてこれをみた曹丕・曹植や七子らが、それぞれサークルをつくり、より自由な形式の詩に発展させ、やがて唐詩にいたる道を開いたのであろう。
曹操の詩は、漢代の歌謡の形式を踏襲したけれども、その内容は当然違ってきている。創作の環境がまったく違い、人々の意気込みも違ってきているからである。現在残っている漢代の歌謡は、漢帝国の繁栄が傾いてきたころの産物が多く、そこには民衆の不安とそこから生まれる絶望や、享楽主義・刹那主義等が歌われている。次は古詩の一節である。

「浩浩として陰陽は移り、
　　年命は朝露の如し。
人生は忽《あわただし》きこと寄せるが如く、
　　寿は金石の固き無し。
…………
如かず、美酒を飲み、
　　紈《がん》と素とを被服せんには」（紈素は斉で産する上等の絹）

人生が朝露のごときはかないものであるからには、美酒を飲み、上等の服でも着て、日々を楽しむにこしたことはない。

曹操も人生は朝露の如しと歌う。すでに引いた「短歌行」には（前章一五八頁参照）、

「酒に対しては当《まさ》に歌うべし、人生幾何《いくばく》ぞ、
譬《たと》えば朝露の如し、去りゆく日は苦《はなは》だ多し。
慨しては当に以て慷すべし、憂思忘れ難し、
何を以てか憂いを解かん、唯だ杜康有るのみ」

とあり、この憂いを解くためには、やはり酒を奨めている。これは古詩に習った面もあろうが、この詩がうたわれたのが酒宴の席であるからでもあろう。しかしこの詩のつづきは古詩とちがって、優秀な人材をえて、天下統一の業を共にしたいという願望をのべている。

2　建安文学の文学論

文章は経国の大業

建安文学は曹操に始まったけれども、それを組織し発展させるに功があったのが曹丕であったことは否定できない。その曹丕に『典論』という論文があり、建安文学がどういうもの

であったかをまとめている。いまこの論文の残っている部分についてみれば、まず建安文学を代表する文人としてさきの七子を挙げ、それらの人々各人の文学にたいする要領のよい批評をのべている。さらに奏・議・書・論・銘・誄《るい》・詩・賦等の文章の諸形態を論じ、文学の精神としては気をもって主とすることをのべ、最後に文学の意義におよぶ。

最後の点について、曹丕は次のように喝破《かつぱ》している。

「蓋《けだ》し文章は経国《けいこく》の大業にして、不朽の盛事なり。年寿は時有りて尽き、栄楽は其の身に止まる。二者は必ず至るの常期あり。未だ文章の無窮なるに若《し》かず。云々」

青木正児は「漢代に在っては儒学を以て国家経綸の大業とした。而るに今彼（曹丕）は文章をもって其の地位に取って代らしめんと欲する意気を示した」とのべている。

現在のわれわれにとっては、国家を動かす中心に文章をおくというのはなかなか理解しにくいであろう。しかし父の曹操とともに、疾風怒涛をついて国家建設に邁進《まいしん》してきた曹丕にとっては、その建国の過程や精神を歌いあげてきた詩歌・文章は、国家経営と切り離せない関係にあったのであろう。

さらにかれは乱世のなかで、人生のはかなさや世俗的栄達のもろさをも痛感してきた。漢代の儒学は栄誉や富貴を約束したが、それらはつねに終わる時がある。それにくらべれば、文章は死後にも伝えられて、人が永遠に生きることを保証するというのである。

人生は短く、芸術は永いというのは、西欧の文学者の言であるが、そこでは芸術は政治と一応対立して考えられているのではないかと思う。その点が曹丕と違うのであって、曹丕にとって文学は政治（経国）とは不即不離の関係にあったものとすれば、かれらの造った国家もまた（次代に伝えられることによって）なにほどか永遠なる意味をもつことになるのではないかと憶測する。

われわれは建安文学というものを士大夫の教養の産物などと考えるのではなく、人々の生き死にをつらぬいて時代のあらゆる分野の中心におかれるものとして受けとらなければならないと思う。そうであるとすれば、この伝記のなかでもうすこし文学について言及しなければならなかったのであるが、私の専門外のこともあって、この点が不十分に終わったことを最後におわびしたい。

参考文献

晋陳寿撰・宋裴松之注『三国志』、宋范曄撰・唐李賢等注『後漢書』、宋司馬光等撰『資治通鑑』
今鷹真・小南一郎・井波律子訳『三国志』全三巻（筑摩書房、一九七七〜八九、のち筑摩文庫に収む）
中華書局編『曹操集』（中華書局、一九五九）
安徽亳県《曹操集》訳注小組『曹操集訳注』（中華書局、一九七九）
張可礼編著『三曹年譜』（斉魯書社、一九八三）
河北師範学院中文系古典文学教研組編『三曹資料彙編』（中華書局、一九八〇）
三聯書店編輯部編『曹操論集』（三聯書店、一九六〇）
吉川幸次郎『三国志実録』（筑摩書房、一九六二、のち『吉川幸次郎全集』七に収む）
竹田晃『曹操―その行動と文学』（評論社、一九七三、のち講談社学術文庫に収む）

同　『三国志の英傑』（講談社現代新書、一九九〇）
川合康三『曹操―矛を横たえて詩を賦す』（集英社、一九八六）
石井仁『曹操―魏の武帝』（新人物往来社、二〇〇〇）
渡邉義浩『図解雑学　三国志』（ナツメ社、二〇〇〇）
同　「曹操政権の形成」（『大東文化大学漢学会誌』四〇、二〇〇一）
好並隆司「曹操政権論」（『岩波講座世界歴史』五、古代五、一九七〇）
井波律子『中国的レトリックの伝統』（影書房、一九八七）
同　『読切り三国志』（ちくま文庫、一九九二）
丹羽兌子「荀彧の生涯―清流士大夫の生き方をめぐって」（『名古屋大学文学部創立二十周念記念論文集』一九六九）
同　「魏晋時代の名族―荀氏の人々について」（『中国中世史研究』東海大学出版会、一九七〇）
同　「曹操政権論ノート」（『名古屋大学東洋史研究報告』二、一九七三）
花田清輝『随筆三国志』（筑摩書房、一九六九）
章映閣『曹操新伝』（上海人民出版社、一九八九）

張亜新『曹操大伝』（中国文学出版社、一九九四）
方詩銘『曹操・袁紹・黄巾』（上海社会科学出版社、一九九五）
同　『三国人物散論』（上海古籍出版社、二〇〇〇）
張作耀『曹操伝』（人民出版社、二〇〇〇）
呉玉蓮『史伝所見三国人物曹操劉備孫権之研究』（台北、文史哲出版社、一九八九）
徐徳嶙『三国史講話』（羣聯出版社、香港、文昌書局影印、一九五五）
柳春藩『三国史話』（北京出版社、一九八一）
張大可『三国史研究』（甘粛人民出版社、一九八八）
馬植傑『三国史』（人民出版社、一九九三）
樵夢庵『三国人物論集』『三国人物論続集』（台湾商務印書館人人文庫、一九六九、七五）
宮川尚志『六朝史研究　政治・社会篇』（日本学術振興会、一九五六）
濱口重國『秦漢隋唐史の研究』上巻（東京大学出版会、一九六六）
西嶋定生『中国経済史研究』（東京大学出版会、一九六六）

川勝義雄『六朝貴族制社会の研究』（岩波書店、一九八二）
森三樹三郎『六朝士大夫の精神』（同朋舎出版、一九八六）
中村圭爾『六朝貴族制研究』（風間書房、一九八七）
藤家禮之助『漢三国両晋南朝の田制と税制』（東海大学出版会、一九八九）
米田賢次郎「漢代田租査定法管見」（『滋賀大学教育学部紀要』一七、一九六七）
堀敏一『中国古代の家と集落』（汲古書院、一九九六）
同『中国通史』（講談社学術文庫、二〇〇〇）
唐長孺『魏晋南北朝史論叢』『同 続編』（三聯書店、一九五七、五九）
同『魏晋南北朝史論拾遺』（中華書局、一九八三）
王仲犖『魏晋南北朝史』上下（上海人民出版社、一九七九、八〇）
谷霽光『中国古代経済史論文集』（江西人民出版社、一九八〇）
何茲全『読史集』（上海人民出版社、一九八二）
韓国磐『魏晋南北朝史綱』（人民出版社、一九八三）
万縄楠『魏晋南北朝史論稿』（安徽教育出版社、一九八三）

高　敏『魏晋南北朝社会経済史探討』（人民出版社、一九八七）
鄭　欣『魏晋南北朝史探索』（山東大学出版社、一九八九）
田余慶『秦漢魏晋史探微』（中華書局、一九九三）
黎　虎『魏晋南北朝史論』（学苑出版社、一九九九）
熊徳基『六朝史考實』（中華書局、二〇〇〇）
韓国河『秦漢魏晋喪葬制度研究』（陝西人民出版社、一九九九）
毛漢光『中国中古社会史論』（台北、聯経出版事業公司、一九八八）
青木正児『支那文学思想史』（岩波書店、一九四三）
鈴木修次『漢魏詩の研究』（大修館書店、一九六七）
松本幸男「建安詩壇の形成過程について」（『立命館文学』一八四、一八六、一八八、一八九、一九六〇、六一）
李宝均『曹氏父子和建安文学』（中華書局、一九六二）
王　巍『建安文学概論』（遼寧教育出版社、修訂再版本、二〇〇〇）

郭沫若作・須田禎一訳『蔡文姫』（新読書社、一九五九、『郭沫若選集』7、雄渾社）
安徽省亳県博物館「亳県曹操宗族墓葬」（『文物』一九七八―八）
田昌五「読曹操宗族墓磚刻辞」（同右）
亳県博物館「安徽亳県発現一批漢代字磚和石刻」（『文物資料叢刊』二、一九七八、一二）
殷滌非「対曹操宗族墓磚銘的一点看法」（『文物』一九八〇―七）
李燦「略述曹氏元墓七四号字磚」（『文物』一九八一―一二）
田昌五「読《対曹操宗族墓磚銘的一点看法》有感」（同右）
殷滌非「曹氏元墓七四号磚銘補正」（同右）
田昌五「曹操宗族墓和《水経注》的有関問題」（『中国歴史博物館館刊』三、一九八一）
趙超「論曹操宗族墓磚的性質及有関問題」（『考古与文物』一九八三―四）
亳州市博物館「安徽亳州市発現一座曹操宗族墓」（『考古』一九八八―一）
関尾史郎「安徽曹氏一族墓出土文字磚緒論」（『東アジア―歴史と文化』五、一九九六）
同「安徽曹氏一族墓出土姓名磚試論」（『新潟史学』三六、一九九六）

関尾　史郎「安徽曹氏一族墓墓主試探」(『環日本海研究年報』四、一九九七)

あとがき

昨年（二〇〇〇年）私は肺炎を患って、四月に入院し、一か月ばかりで退院したが、十月まで薬を飲みつづけた。肺炎は間質性肺炎といって、高年齢者には相当危険なものらしく、かかりつけの医者によく生きて帰ってきたねと言われた。

病後だから、体力を恢復しなければならないが、それ以外に仕事はない。所在ないままに、何かを始めようかと思ったが、まったく新しいことは億劫である。幸いなことに、定年前につくった曹操にかんするノートがあった。三国志の話は近ごろたいへん評判であるが、諸葛孔明という人物に私はそれほど興味がない。乱世のなかを駆けめぐって、一定の平和と統一をもたらして、次の時代への道を切り開いた曹操の方が、歴史家としては興味深い。それに人物も複雑であって、一筋縄にはとらえられそうにない。それがかねて私が曹操に関心をもったおもな理由といってよいだろう。

始めてみると、ノートは一定の予備知識を与えてくれたが、史料は根本的に読み直さなければならなかったし、乱世のなかだけに事態は錯綜していて理解するのに骨がおれる。伝記となれば曹操の心情や行動を解釈しなければならない場合もおおい。その点については、執筆者の既往の研究や人生にたいする態度なども関係してくる。だから私の曹操伝が、これまでの曹操伝に賛成できない点があり、内容に違いが出てくるのは当然である。曹操は私などとは違った人物であるが、その解釈に、私がいままで生きてきた人生が役立たなかったわけではない。また曹操の晩年や死にさいしての心境については、身につまされる思いがないわけではない。ともかくしばらくのあいだ、楽しみながら仕事をさせてもらった。

これは曹操が権力を確立していく過程の話であるから、中国の王権・帝権のなりたちとかかわる点がすくなくない。それらの点については、とくに私の叙述の特色が出ているのではないかと思う。まず許劭の評言であるが、従来の解釈には個人の生き方や性格に関心を集中する日本の三国志ファンの欠陥がよく現れている。そのような関心がすべて悪いというわけではないが、こと許劭の評言にかんするかぎり、選挙、つまり官僚登用の問題ときり離すわけにいかない。また田疇の集団の民主的な成立過程や、曹操の魏公就任と関連事項に言及できたのも幸いだった。それらでも示されるように、中国の専制権力については、民衆や臣下とのかかわりが大切である。その点については、そのほか随所で私の見解を披露できたかと思っている。

魏晋南北朝は貴族制の時代だといわれている。曹操の時代は魏晋南北朝の開始時期に当るのだから、曹操の伝記を書くならば、曹操が貴族制の成立にどう関わったかという点にも言及しなければならないであろう。ところがこの点について従来満足すべき意見が出されていないので、本書ではいささか私見をのべて、歴史研究者の討議に付していただきたいと思っている。

ともかく本書では、曹操の人柄や歴史の現実に直接接していただき、私の見解をご理解いただきたいと思うので、当時の諸書の文章を同時代史料としてたびたび引用した。そのために叙述が煩雑になり、文章が読みづらくなった点があると思うが、ご容赦いただきたい。

正史『三国志』には、南朝の裴松之の注があり、そこにはすでに散逸したたくさんの書物が引用されていて、これがたいへん役に立った。この裴松之の注をふくめて、『三国志』全体の翻訳が今鷹氏ほかの方々によってなされている。たいへん苦労されたものと思うが、私も役立たせていただいた。そのなかの二、三の訳語については、そのまま利用させていただいたものがあったかと思う。あつくお礼申し上げる。

吉川氏の『三国志実録』、竹田・川合・石井三氏の『曹操』伝三冊は、たえず手もとにおいて参照した。そのほか渡邉・井波氏の本も参考になった。中国の本では、初期の徐徳嶙氏の『三国史講話』、近刊の方詩銘氏の二書が、とくに興味深かった。張作耀氏の『曹操伝』は最も新しい著作であるが、すでに原稿がほぼ完成したのちに入手したので参照できなかった。その後で出た渡邉氏の「曹操政権の形成」も同様である。参考文献欄の魏晋南北朝史等の論集は、そのなかの一部の論文が本書の叙述に役立ったものである。これら先学諸氏にもあつくお礼申し上げる。花田清輝『随筆三国志』、諸葛孔明の伝記も掲げぬこの文献欄に、この書を挙げるのは気がひけるが、その痛快な調子に魅せられて、ここに掲げることにした。

刀水書房社長の桑原迪也氏にはかねがねお世話になっていたが、今回本書を同社から出すにあたって、原稿をたんねんにお読みいただいて、こまかい点にまでご注意をいただいた。お礼申し上げます。

二〇〇一年七月

著　者　記す

〈著 者 紹 介〉

堀　敏一（ほり・としかず）

1924年静岡県生まれ。東京大学文学部東洋史学科卒業。明治大学名誉教授。2007年５月歿

〔主要著作〕『均田制の研究』（岩波書店 1975，福建人民出版社），『古代の中国』（『世界の歴史４』講談社 1977），『中国古代の身分制』（汲古書院 1987），『中国と古代東アジア世界』（岩波書店 1993），『中国古代史の視点』（汲古書院 1994），『律令制と東アジア世界』（汲古書院 1994），『中国古代の家と集落』（汲古書院 1996），『東アジアのなかの古代日本』（研文出版 1998），『中国通史』（講談社学術文庫 2000）

〈歴史・民族・文明〉

刀水歴史全書　57

曹　　操—三国志の真の主人公

2001年10月20日　初版１刷発行
2010年９月29日　初版２刷発行

著　者　堀　　敏　一

発行者　桑　原　迪　也

発行所　株式会社　刀　水　書　房
〒101-0065　東京都千代田区西神田2-4-1　東方学会本館
Tel. 03-3261-6190　Fax. 3261-2234　振替00110-9-75805

印刷　亜細亜印刷株式会社
製本　株式会社ブロケード

 ISBN978-4-88708-283-0　C3323

刀水歴史全書 ―歴史・民族・文明―

四六上製　平均300頁　随時刊　（価格は税別）

樺山紘一

カタロニアへの眼（新装版）

歴史・社会・文化

979,2005(新装版)　000-X　四六上製　289頁＋口絵12頁　￥2300

西洋の辺境，文明の十字路カタロニアはいかに内戦を闘い，なぜピカソら美の巨人を輩出したか。カタロニア語を習い，バルセロナに住んで調査研究した歴史家によるカタロニア文明論

R.C.リチャードソン／今井　宏訳

イギリス革命論争史

1979　001-8　四六上製　353頁　￥2200

市民革命とは何であったか？　同時代人の主張から左翼の論客，現代の冷静な視線まで，革命研究はそれぞれの時代，立場を反映する。論者の心情をも汲んで著された類書のない学説史

山崎元一

3 ## インド社会と新仏教　［品切］

アンベードカルの人と思想〔付〕カースト制度と不可触民制

1979　002-6　四六上製　270頁　￥2200

ガンディーに対立してヒンドゥーの差別と闘い，インドに仏教を復興した不可触民出身の政治家の生涯。日本のアンベードカル研究の原典であり，インドの差別研究のほとんど最初の一冊

G.バラクロウ編／木村尚三郎解説・宮島直機訳

4 ## 新しいヨーロッパ像の試み

中世における東欧と西欧

1979　003-4　四六上製　258頁　￥2330

最新の中世史・東欧史の研究成果を背景に，ヨーロッパの直面する文明的危機に警鐘を鳴らした文明史家の広ヨーロッパ論。現代のヨーロッパの統一的傾向を最も早く洞察した名著。図版127点

W.ルイス，村上直次郎編／富田虎男訳訂

5 ## マクドナルド「日本回想記」

インディアンの見た幕末の日本

1979　005-0　四六上製　310頁　￥2136

日本をインディアンの母国と信じて密航した青年の日本観察記。混血青年を優しくあたたかく遇した幕末の日本と日本人の美質を評価。また幕末最初の英語教師として評価されて，高校英語教科書にものっている

J.スペイン／勝藤　猛・中川　弘訳

6 ## シルクロードの謎の民

パターン民族誌

1980　006-9　四六上製　306頁　￥2200

文明を拒否して部族の掟に生き，中央アジア国境地帯を自由に往来するアフガン・ゲリラの主体パターン人，かつてはイギリスを，近くはロシアを退けた反文明の遊牧民。その唯一のドキュメンタルな記録

B.A.トゥゴルコフ／加藤九祚解説・斎藤晨二訳

7 ## トナカイに乗った狩人たち

北方ツングース民族誌

1981　024-7　四六上製　253頁　￥2233

広大なシベリアのタイガを漂泊するエベンキ族の生態。衣食住，狩猟・遊牧生活から家族，氏族，原始文字，暦，シャーマン，宇宙観まで。ロシア少数民族の運命

G.サルガードー／松村　赳訳

8 ## エリザベス朝の裏社会

1985　060-3　四六上製　338頁　￥2500

シェイクスピアの戯曲や当時のパンフレット“イカサマ読物”“浮浪者文学”による華麗な宮廷文化の時代の裏面。スリ・盗賊・ペテン師などの活躍する新興の大都会の猥雑な現実

P.F.シュガー, I.J.レデラー 編／東欧史研究会訳

9 **東欧のナショナリズム**

歴史と現在

1981 025-5 四六上製 578頁 ￥4800

東欧諸民族と諸国家の成立と現在を，19世紀の反トルコ・反ドイツ・反ロシアの具体的な史実と意識のうえに捉え，東欧紛争の現在の根源と今後の世界のナショナリズム研究に指針を与える大著

R.H.C.デーヴィス／柴田忠作訳

10 **ノルマン人**

その文明学的考察

1981 027-1 四六上製 199頁 ￥2233

ヨーロッパ中世に大きな足跡をのこしたヴァイキングの実像を文明史的に再評価し，ヨーロッパの新しい中世史を構築する第一人者の論究。ノルマン人史の概説として最適。図版70余点

中村寅一

11 **村の生活の記録** （下）［品切］

㊤上伊那の江戸時代 ㊦上伊那の明治･大正･昭和

1981 028-X 029-8 四六上製 195頁,310頁 ￥1845 ￥1800

村の中から村を描く。柳田・折口体験をへて有賀喜左衛門らとともに，民俗・歴史・社会学を総合した地域史をめざした信州伊那谷の先覚者の業績。中央に追従することなく，地域史として独立し得た数少ない例の一つ

岩本由輝

12 **きき書き六万石の職人衆**

相馬の社会史

1980 010-7 四六上製 252頁 ￥1800

相馬に生き残った100種の職人の聞き書き。歴史家と職人の心の交流から生れた明治・大正・昭和の社会史。旅職人から産婆，ほとんど他に見られない諸職が特に貴重

13 **（缺番）**

田中圭一

14 **天領佐渡** （1）［品切］

(1)(2)村の江戸時代史 上･下 (3)島の幕末

1985 061-1,062-X,063-8 四六上製 (1)275頁 (2) 277頁 (3) 280頁 (1)(2) ￥2000 (3)￥2330

戦国末〜維新のムラと村ビトを一次史料で具体的に追求し,天領の政治と村の構造に迫り，江戸〜明治の村社会と日本を発展的にとらえる。民衆の活躍する江戸時代史として評価され，新しい歴史学の方向を示す

岩本由輝

15 **もう一つの遠野物語** ［追補版］

（付）柳田國男南洋委任統治資料六点

1994 130-8 四六上製 275頁 ￥2136

水野葉舟・佐々木喜善によって書かれたもう一つの「遠野物語」の発見。柳田をめぐる人間関係，「遠野物語」執筆前後の事情から山人〜常民の柳田学の変容を探る。その後の柳田学批判の先端として功績は大きい

森田安一

16 **スイス** ［三補版］

歴史から現代へ

1995 159-6 四六上製 304頁 ￥2200

13世紀スイス盟約者団の成立から流血の歴史をたどり，理想の平和郷スイスの現実を分析して新しい歴史学の先駆と評価され，中世史家の現代史として，中世から現代スイスまでを一望のもとにとらえる

樺山紘一･賀集セリーナ･富永茂樹･鳴海邦碩

17 **アンデス高地都市** ［品切］

ラ・パスの肖像

1981 020-4 四六上製 図版多数 257頁 ￥2800

ボリビアの首都ラ・パスに展開するスペイン，インディオ両文明の相克。歴史・建築・文化人類・社会学者の学際協力による報告。図版多数。若く多才な学者たちの協力の成功例の一つといわれる

18 A.ノーヴ／和田春樹・中井和夫訳　［品切］

スターリンからブレジネフまで

ソヴェト現代史

1983　043-3　四六上製　315頁　￥2427

スターリン主義はいかに出現し，いかなる性格のものだったか？　冷静で大胆な大局観をもつ第一人者による現代ソ連研究の基礎文献。ソ連崩壊よりはるか前に書かれていた先覚者の業績

---

19 **（缺番）**

---

20 増井經夫

中国の歴史書

中国史学史

1984　052-2　四六上製　298頁　￥2500

内藤湖南以後誰も書かなかった中国史学史。尚書・左伝から梁啓超，清朝野史大観まで，古典と現代史学の蘊蓄を傾けて，中国の歴史意識に迫る。自由で闊達な理解で中国学の世界に新風を吹きこむ。ようやく評価が高い

---

21 G.P.ローウィック／西川　進訳

日没から夜明けまで

アメリカ黒人奴隷制の社会史

1986　064-6　四六上製　299頁　￥2400

アメリカの黒人奴隷は，夜の秘密集会を持ち，祈り，歌い，逃亡を助け，人間の誇りを失わなかった。奴隷と奴隷制の常識をくつがえす新しい社会史。人間としての彼らを再評価するとともに，社会の構造自体を見なおすべき衝撃の書

---

22 山本　新著／神川正彦・吉澤五郎編

周 辺 文 明 論

欧化と土着

1985　066-2　四六上製　305頁　￥2200

文明の伝播における様式論・価値論を根底に，ロシア・日本・インド・トルコなど非西洋の近代化＝欧化と反西洋＝土着の相克から現代の文明情況まで。日本文明学の先駆者の業績として忘れ得ない名著

---

23 小林多加士

中国の文明と革命

現代化の構造

1985　067-0　四六上製　274頁　￥2200

万元戸，多国籍企業に象徴される中国現代の意味を文化大革命をへた中国の歴史意識の変革とマルキシズムの新展開に求める新中国史論

---

24 R.タカキ／富田虎男・白井洋子訳

パ ウ ・ ハ ナ

ハワイ移民の社会史

1986　071-9　四六上製　293頁　￥2400

ハワイ王朝末期に，全世界から集められたプランテーション労働者が，人種差別を克服して，ハワイ文化形成にいたる道程。著者は日系3世で，少数民族・多文化主義研究の歴史家として評価が高い

---

25 原田淑人

古代人の化粧と装身具

1987　076-X　四六上製　図版180余点　227頁　￥2200

東洋考古学の創始者，中国服飾史の開拓者による古代人の人間美の集成。エジプト・地中海，インド，中央アジアから中国・日本まで，正倉院御物に及ぶ美の伝播，唯一の概説書

---

26 E.ル・ロワ・ラデュリ／井上幸治・渡邊昌美・波木居純一訳

モンタイユー（上）（下）

ピレネーの村　1294～1324

(上)1990 (下)1991　086-7 ＊125-3　四六上製　367頁 425頁　￥2800 ￥3300

中世南仏の一寒村の異端審問文書から，当時の農村生活を人類学的手法で描き，75年発刊以来，社会史ブームをまきおこしたアナール派第3世代の代表作。ピレネー山中寒村の，50戸，200人の村人の生活と心性の精細な描写

ダヴ・ローネン／浦野起央・信夫隆司訳

27 **自決とは何か**　［品切］

ナショナリズムからエスニック紛争へ

1988　095-6　四六上製　318頁　￥2800

自殺ではない。みずからを決定する自決。革命・反植民地・エスニック紛争など，近現代の激動を“自決 Self-determination への希求”で解く新たなる視角。人文・社会科学者の必読書

メアリ・プライア編著／三好洋子編訳

28 **結婚・受胎・労働**　［品切］

イギリス女性史1500～1800

1989　099-9　四六上製　270頁　￥2500

イギリス女性史の画期的成果。結婚・再婚・出産・授乳，職業生活・日常生活，日記・著作。実証的な掘り起こし作業によって現れる普通の女性たちの生活の歴史

M. I. フィンレイ／柴田平三郎訳

29 **民主主義―古代と現代**　［品切］

1991　118-9　四六上製　199頁　￥2816

古代ギリシア史の専門家が思想史として対比考察した古代・現代の民主主義。現代の形骸化した制度への正統なアカデミズムからの警鐘であり，民主主義の本質に迫る一書

木崎良平

30 **光太夫とラクスマン**

幕末日露交渉史の一側面

1992　134-0　四六上製　266頁　￥2524

ひろく史料を探索して見出した光太夫とラクスマンの実像。「鎖国三百年史観」をうち破る新しい事実の発見が，日本の夜明けを告げる。実証史学によってはじめて可能な歴史の本当の姿の発見

青木　豊

31 **和鏡の文化史**

水鑑から魔鏡まで

1992　139-1　四六上製　図版300余点　305頁　￥2500

水に顔を映す鏡の始まりから，その発達・変遷，鏡にまつわる信仰・民俗，十数年の蓄積による和鏡に関する知識体系化の試み。鏡に寄せた信仰と美の追求に人間の実像が現れる

Y. イチオカ／富田虎男・粂井輝子・篠田左多江訳

32 **一　　世**

黎明期アメリカ移民の物語り

1992　141-3　四六上製　283頁　￥3301

人種差別と排日運動の嵐の中で，日本人留学生，労働者，売春婦はいかに生きたか。日系アメリカ人一世に関する初の本格的研究の始まり，その差別と苦悩と忍耐を見よ（著者は日系二世）

鄧　搏鵬／後藤均平訳

33 **越 南 義 烈 史**

抗仏独立運動の死の記録

1993　143-X　四六上製　230頁　￥3301

19世紀後半，抗仏独立闘争に殉じたベトナムの志士たちの略伝・追悼文集。反植民地・民族独立思想の原点（1918年上海で秘密出版）。東遊運動で日本に渡った留学生200人は，やがて日本を追われ，各地で母国の独立運動を展開して敗れ，つぎつぎと斃れるその記録

D. ジョルジェヴィチ, S. フィシャー・ガラティ／佐原徹哉訳

34 **バルカン近代史**

ナショナリズムと革命

1994　153-7　四六上製　262頁　￥2800

かつて世界の火薬庫といわれ，現在もエスニック紛争に明け暮れるバルカンを，異民族支配への抵抗と失敗する農民蜂起の連続ととらえる。現代は，過去の紛争の延長としてあり，一朝にして解決するようなものではない

C. メクゼーパー, E. シュラウト共編／瀬原義生監訳，赤阪俊一・佐藤専次共訳

35 **ドイツ中世の日常生活**

騎士・農民・都市民

1995　＊179-6　四六上製　205頁　￥2800

ドイツ中世史家たちのたしかな目が多くの史料から読みとる新しい日常史。普通の“中世人”の日常と心性を描くが，おのずと重厚なドイツ史学の学風を見せて興味深い

神山四郎 ［比較文明学叢書1］ 36 **比較文明と歴史哲学** 1995 182-0 四六上製 257頁 ￥2800	歴史哲学者による比較文明案内。歴史をタテに発展とみる旧来の見方に対し，ヨコに比較する多系文明の立場を推奨。ボシュエ，ヴィコ，イブン・ハルドゥーン，トインビーと文明学の流れを簡明に
神川正彦 ［比較文明学叢書2］ 37 **比較文明の方法** 新しい知のパラダイムを求めて 1995 184-7 四六上製 275頁 ￥2800	地球規模の歴史的大変動の中で，トインビー以降ようやく高まる歴史と現代へのパースペクティヴ，新しい知の枠組み，学の体系化の試み。ニーチェ，ヴェーバー，シュペングラーを超えてトインビー，山本新にいたり，原理と方法を論じる
B.A.トゥゴルコフ／斎藤晨二訳 38 **オーロラの民** ユカギール民族誌 1995 183-9 四六上製 220頁 ￥2800	北東シベリアの少数民族人口1000人のユカギール人の歴史と文化。多数の資料と現地調査が明らかにするトナカイと犬ぞりの生活・信仰・言語。巻末に調査報告「ユカギール人の現在」
D.W.ローマックス／林 邦夫訳 39 **レコンキスタ** 中世スペインの国土回復運動 1996 180-4 四六上製 314頁 ￥3300	克明に史実を追って，800年間にわたるイスラム教徒の支配からのイベリア半島奪還とばかりはいいきれない，レコンキスタの本格的通史。ユダヤ教徒をふくめ，三者の対立あるいは協力，複雑な800年の情勢に迫る
A.R.マイヤーズ／宮島直機訳 40 **中世ヨーロッパの身分制議会** 新しいヨーロッパ像の試み（2） 1996 186-3 四六上製 214頁 ￥2800	各国の総合的・比較史的研究に基づき，身分制議会をカトリック圏固有のシステムととらえ，近代の人権思想もここから導かれるとする文化史的な画期的発見，その影響に注目が集まる。図写79点
M.ローランソン，J.E.シーヴァー／白井洋子訳 41 **インディアンに囚われた白人女性の物語** 1996 195-2 四六上製 274頁 ￥2800	植民地時代アメリカの実話。捕虜となり生き残った2女性の見たインディアンの心と生活。牧師夫人の手記とインディアンの養女となった少女の生涯。しばしば不幸であった両者の関係を見なおすために
木崎良平 42 **仙台漂民とレザノフ** 幕末日露交渉史の一側面No.2 1997 198-7 四六上製 261頁 ￥2800	日本人最初の世界一周と日露交渉。『環海異聞』などに現れる若宮丸の遭難と漂民16人の数奇な運命。彼らを伴って通商を迫ったロシア使節レザノフ。幕末日本の実相を歴史家が初めて追求した
U.イム・ホーフ／森田安一監訳，岩井隆夫・米原小百合・佐藤るみ子・黒澤隆文・踊共二共訳 43 **スイスの歴史** 1997 207-X 四六上製 308頁 ￥2800	日本初の本格的スイス通史。ドイツ語圏でベストセラーを続ける好著の完訳。独・仏・伊のことばの壁をこえてバランスよくスイス社会と文化を追求，現在の政治情況に及ぶ
E.フリート／柴嵜雅子訳 44 **ナチスの陰の子ども時代** あるユダヤ系ドイツ詩人の回想 1998 203-7 四六上製 215頁 ￥2800	ナチスの迫害を逃れ，17歳の少年が単身ウィーンからロンドンに亡命する前後の数奇な体験を中心にした回想録。著者は戦後のドイツで著名なユダヤ系詩人で，本書が本邦初訳

今谷明・大濱徹也・尾形勇・樺山紘一・木畑洋一編

45 20世紀の歴史家たち

(1)日本編(上) (2)日本編(下) (5)日本編続 (3)世界編(上) (4)世界編(下)

1997〜2006　四六上製　平均300頁　各￥2800

歴史家は20世紀をどう生きたか，歴史学はいかに展開したか。科学としての歴史学と人間としての歴史家，その生と知とを生々しく見つめようとする。書かれる歴史家と書く歴史家，それを読む読者と三者の生きた時代

日本編(上)　1997 211-8

1 徳富 蘇峰（大濱徹也）
2 白鳥 庫吉（窪添慶文）
3 鳥居 龍蔵（中薗英助）
4 原 勝郎（樺山紘一）
5 喜田 貞吉（今谷 明）
6 三浦 周行（今谷 明）
7 幸田 成友（西垣晴次）
8 柳田 國男（西垣晴次）
9 伊波 普猷（高良倉吉）
10 今井登志喜（樺山紘一）
11 本庄栄治郎（今谷 明）
12 高群 逸枝（栗原 弘）
13 平泉 澄（今谷 明）
14 上原 専祿（三木 亘）
15 野呂栄太郎（神田文人）
16 宮崎 市定（礪波 護）
17 仁井田 陞（尾形 勇）
18 大塚 久雄（近藤和彦）
19 高橋幸八郎（遅塚忠躬）
20 石母田 正（今谷 明）

日本編(下)　1999 212-6

1 久米 邦武（田中 彰）
2 内藤 湖南（礪波 護）
3 山路 愛山（大濱徹也）
4 津田左右吉（大室幹雄）
5 朝河 貫一（甚野尚志）
6 黒板 勝美（石井 進）
7 福田 徳三（今谷 明）
8 辻 善之助（圭室文雄）
9 池内 宏（武田幸男）
10 羽田 亨（羽田 正）
11 村岡 典嗣（玉懸博之）
12 田村栄太郎（芳賀 登）
13 山田盛太郎（伊藤 晃）
14 大久保利謙（由井正臣）
15 濱口 重國（菊池英夫）
16 村川堅太郎（長谷川博隆）
17 宮本 常一（西垣晴次）
18 丸山 眞男（坂本多加雄）
19 和歌森太郎（宮田 登）
20 井上 光貞（笹山晴生）

日本編 続　2006 232-0

1 狩野 直喜（戸川芳郎）
2 桑原 隲蔵（礪波 護）
3 矢野 仁一（挾間直樹）
4 加藤 繁（尾形 勇）
5 中村 孝也（中田易直）
6 宮地 直一（西垣晴次）
7 和辻 哲郎（樺山紘一）
8 一志 茂樹（古川貞雄）
9 田中惣五郎（本間恂一）
10 西岡虎之助（西垣晴次）
11 岡 正雄（大林太良）
12 羽仁 五郎（斉藤 孝）
13 服部 之總（大濱徹也）
14 坂本 太郎（笹山晴生）
15 前嶋 信次（窪寺紘一）
16 中村 吉治（岩本由輝）
17 竹内 理三（樋口州男）
18 清水 三男（網野善彦）
19 江口 朴郎（木畑洋一）
20 林屋辰三郎（今谷 明）

世界編(上)　1999 213-4

1 ピレンヌ（河原 温）
2 マイネッケ（坂井榮八郎）
3 ゾンバルト（金森誠也）
4 メネンデス・ピダール（小林一宏）
5 梁 啓超（佐藤慎一）
6 トーニー（越智武臣）
7 アレクセーエフ（加藤九祚）
8 マスペロ（池田 温）
9 トインビー（芝井敬司）
10 ウィーラー（小西正捷）
11 カー（木畑洋一）
12 ウィットフォーゲル（鶴間和幸）
13 エリアス（木村靖二）
14 侯 外盧（多田狷介）
15 ブローデル（浜名優美）
16 エーバーハルト（大林太良）
17 ウィリアムズ（川北 稔）
18 アリエス（杉山光信）
19 楊 寛（高木智見）
20 クラーク（ドン・ベイカー 藤川隆男訳）
21 ホブズボーム（水田 洋）
22 マクニール（高橋 均）
23 ジャンセン（三谷 博）
24 ダニーロフ（奥田 央）
25 フーコー（福井憲彦）
26 デイヴィス（近藤和彦）
27 サイード（杉田英明）
28 タカキ，R．（富田虎男）

世界編(下)　2001 214-2

1 スタイン（池田 温）
2 ヴェーバー（伊藤貞夫）
3 バルトリド（小松久男）
4 ホイジンガ（樺山紘一）
5 ルフェーヴル（松浦義弘）
6 フェーヴル（長谷川輝夫）
7 グラネ（桐本東太）
8 ブロック（二宮宏之）
9 陳 寅恪（尾形 勇）
10 顧 頡剛（小倉芳彦）
11 カントロヴィッチ（藤田朋久）
12 ギブ（湯川 武）
13 ゴイテイン（湯川 武）
14 ニーダム（草光俊雄）
15 コーサンビー（山崎利男）
16 フェアバンク（平野健一郎）
17 モミリアーノ（本村凌二）
18 ライシャワー（W.スティール）
19 陳 夢家（松丸道雄）
20 フィンリー（桜井万里子）
21 イナルジク（永田雄三）
22 トムスン（近藤和彦）
23 グレーヴィチ（石井規衛）
24 ル・ロワ・ラデュリ（阿河雄二郎）
25 ヴェーラー（木村靖二）
26 イレート（池端雪浦）

戸上　一

46 **千　利　休**

ヒト・モノ・カネ

1998　210-X　四六上製　212頁　￥2000

高価な茶道具にまつわる美と醜の世界を視野に入れぬ従来の利休論にあきたらぬ筆者が，書き下ろした利休の実像。モノの美とそれにまつわるカネの醜に対決する筆者の気迫に注目

大濱徹也

47 **日本人と戦争**

歴史としての戦争体験

2002　220-7　四六上製　280頁　￥2400

幕末，尊皇攘夷以来，日本は10年ごとの戦争で大国への道をひた走った。やがて敗戦。大東亜戦争は正義か不正義かは鏡の表と裏にすぎないかもしれない。日本人の“戦争体験”が民族共有の記憶に到達するのはいつか？

K.B.ウルフ／林　邦夫訳

48 **コルドバの殉教者たち**

イスラム・スペインのキリスト教徒

1998　226-6　四六上製　214頁　￥2800

９世紀，イスラム時代のコルドバで，49人のキリスト教徒がイスラム教を批難して首をはねられた。かれらは極刑となって殉教者となることを企図したのである。三つの宗教の混在するスペインの不思議な事件である

U.ブレーカー／阪口修平・鈴木直志訳

49 **スイス傭兵ブレーカーの自伝**

2000　240-1　四六上製　263頁　￥2800

18世紀スイス傭兵の自伝。貧農に生まれ，20歳で騙されてプロイセン軍に売られ，軍隊生活の後，七年戦争中に逃亡。彼の生涯で最も劇的なこの時期の記述は，近代以前の軍隊生活を知る類例のない史料として注目

田中圭一

50 **日本の江戸時代**

舞台に上がった百姓たち

1999　233-9　四六上製　259頁　￥2400

日本の古い体質のシンボルである江戸時代封建論に真向から挑戦する江戸近代論。「検地は百姓の土地私有の確認である」ことを実証し，一揆は幕府の約束違反に対するムラの抗議だとして，日本史全体像の変革を迫る

平松幸三編　**2001年度 沖縄タイムス出版文化賞受賞**

51 **沖縄の反戦ばあちゃん**

松田カメロ述生活史

2001　242-8　四六上製　199頁　￥2000

沖縄に生まれ，内地で女工，結婚後サイパンへ出稼いで，戦争に巻込まれる。帰郷して米軍から返却された土地は騒音下。嘉手納基地爆音訴訟など反戦平和運動の先頭に立ったカメさんの原動力は理屈ではなく，生活体験だ

---

52 **（缺番）**

原田勝正

53 **日 本 鉄 道 史**

技術と人間

2001　275-4　四六上製　488頁　￥3300

幕末維新から現代まで，日本の鉄道130年の発展を，技術の進歩がもつ意味を社会との関わりの中に確かめながら，改めて見直したユニークな技術文化史

J.キーガン／井上堯裕訳

54 **戦争と人間の歴史**

人間はなぜ戦争をするのか？

2000　264-9　四六上製　205頁　￥2000

人間はなぜ戦争をするのか？　人間本性にその起源を探り，国家や個人と戦争の関わりを考え，現実を見つめながら「戦争はなくなる」と結論づける。原本は豊かな内容で知られるＢＢＣ放送の連続講演（1998年）

M.シェーファー／大津留厚監訳・永島とも子訳

55 **エリザベート―栄光と悲劇**

2000 265-7 四六上製 183頁 ¥2000

ハプスブルク朝の皇后“シシー”の生涯を[illegible]面から描く。美貌で頭が良く，自信にあふれ[illegible]決断力を持ちながらも孤独に苦しんでいた。従来の映画や小説では得られない“変革の[illegible]代”に生きた高貴な人間像

地中海学会編

56 **地中海の暦と祭り**

2002 230-4 四六上製 285頁 ¥2500

季節の巡行や人生・社会の成長・転変に対[illegible]する祭は暦や時間と深く連関する。その暦[illegible]祭を地中海世界の歴史と地域の広がりの中[illegible]とらえ，かつ現在の祭慣行や暦制度をも描[illegible]た，歴史から現代までの「地中海世界案内」

堀　敏一

57 **曹　操**

三国志の真の主人公

2001 283-5 四六上製 220頁 ¥2800

諸葛孔明や劉備の活躍する『三国志演義』[illegible]おもしろいが，小説であって事実ではない。中国史の第一人者が慎重に選んだ“事実は[illegible]説よりも奇”で，人間曹操と三国時代が描[illegible]れる

P.ブラウン／宮島直機訳

58 **古代末期の世界 ［改訂新版］**

ローマ帝国はなぜキリスト教化したか

2002 354-8 四六上製 233頁 ¥2800

古代末期を中世への移行期とするのではな[illegible]独自の文化的世界と見なす画期的な書。鬼[illegible]P.ブラウンによる「この数十年の間で最[illegible]影響力をもつ歴史書！」(書評から)

宮脇淳子

59 **モンゴルの歴史**

遊牧民の誕生からモンゴル国まで

2002 244-4 四六上製 295頁 ¥2800

紀元前1000年に，中央ユーラシア草原に遊[illegible]騎馬民が誕生してから，20世紀末年のモン[illegible]ル系民族の現状までを1冊におさめた，本[illegible]初の通史

永井三明

60 **ヴェネツィアの歴史**

共和国の残照

2004 285-1 四六上製 270頁 ¥2800

1797年「唐突に」姿を消した共和国。ヴェ[illegible]ツィアの1000年を越える歴史を草創期より[illegible]き起こす。貴族から貧困層まで，人々の心の襞までわけ入り描き出される日々の生活,etc ヴェネツィア史の第一人者による書き下ろし

H.バイアス／内山秀夫・増田修代訳

61 **敵　国　日　本**

太平洋戦争時，アメリカは日本をどう見たか？

2001 286-X 四六上製 215頁 ¥2000

パールハーバーからたった70日で執筆・出[illegible]され，アメリカで大ベストセラーとなった[illegible]ューヨークタイムズ記者の日本論。天皇制・政治経済・軍隊から日本人の心理まで，ア[illegible]リカは日本人以上に日本を知っていた……

伊東俊太郎　［比較文明学叢書 3］

62 **文明と自然**

対立から統合へ

2002 293-2 四六上製 256頁 ¥2400

かつて西洋の近代科学は，文明が利用する[illegible]象として自然を破壊し，自然は利用すべき[illegible]源でしかなかった。いま「自から然る」自然が，生々発展して新しい地球文明が成る。自然と文明の統合の時代である

P.V.グロブ／荒川明久・牧野正憲訳

63 **甦る古代人**

デンマークの湿地埋葬

2002 298-3 四六上製 191頁 ¥2500

デンマーク，北ドイツなど北欧の寒冷な湿地帯から出土した，生々しい古代人の遺体（約700例）をめぐる“謎”の解明。原著の写真全77点を収録した，北欧先史・古代史研究の基本図書

大濱徹也

64 **庶民のみた日清・日露戦争**

帝国への歩み

2003　316-5　四六上製　265頁　￥2200

明治維新以後10年ごとの戦争に明けくれた日本人の戦争観・時代観を根底に，著者は日本の現代を描こうとする。庶民の皮膚感覚に支えられた生々しい日本の現代史像に注目が集まる。『明治の墓標』改題

喜安　朗

65 **天皇の影をめぐるある少年の物語**

戦中戦後私史

2003　312-2　四六上製　251頁　￥2200

第二次大戦の前後を少年から青年へ成長した多くの日本人の誰もが見た敗戦から復興の光景を，今あらためて注視する少年の感性と歴史家の視線。変転する社会状況をくぐりぬけて今現われた日本論

スーザン・W.ハル／佐藤清隆・滝口晴生・菅原秀二訳

66 **女は男に従うもの？**

近世イギリス女性の日常生活

2003　315-7　四六上製　285頁　￥2800

16～17世紀，女性向けに出版されていた多くの結婚生活の手引書や宗教書など（著者は男性）を材料に，あらゆる面で制約の下に生きていた女性達の日常を描く（図版多数集録）

G.スピーニ／森田義之・松本典昭訳

67 **ミケランジェロと政治**

メディチに抵抗した《市民＝芸術家》

2003　318-1　四六上製　190頁　￥2500

フィレンツェの政治的激動期，この天才芸術家が否応なく権力交替劇に巻き込まれながらも，いかに生き抜いたか？　ルネサンス美術史研究における社会史的分析の先駆的議論。ミケランジェロとその時代の理解のために

金七紀男

68 **エンリケ航海王子**

大航海時代の先駆者とその時代

2004　322-X　四六上製　232頁　￥2500

初期大航海時代を導いたポルトガルの王子エンリケは，死後理想化されて「エンリケ伝説」が生れる。本書は，生身で等身大の王子とその時代を描く。付録に「エンリケ伝説の創出」「エンリケの肖像画をめぐる謎」の2論文も

H.バイアス／内山秀夫・増田修代訳

69 **昭和帝国の暗殺政治**

テロとクーデタの時代

2004　314-9　四六上製　341頁　￥2500

戦前，『ニューヨーク・タイムズ』の日本特派員による，日本のテロリズムとクーデタ論。記者の遭遇した5.15事件や2.26事件を，日本人独特の前近代的心象と見て，独自の日本論を展開する。『敵国日本』の姉妹篇

E.L.ミューラー／飯野正子監訳

70 **祖国のために死ぬ自由**

徴兵拒否の日系アメリカ人たち

2004　331-9　四六上製　343頁　￥3000

第二次大戦中，強制収容所に囚われた日系2世は，市民権と自由を奪われながら徴兵された。その中に，法廷で闘って自由を回復しアメリカ人として戦う道を選んだ人々がいた。60年も知られなかった日系人の闘いの記録

松浦高嶺・速水敏彦・高橋　秀

71 **学　生　反　乱**

―1969―　立教大学文学部

2005　335-1　四六上製　281頁　￥2800

1960年代末，世界中を巻きこんだ大学紛争。学生たちの要求に真摯に向合い，かつ果敢に闘った立教大学文学部の教師たち。35年後の今，闘いの歴史はいかに継承されているか？

神川正彦　　［比較文明学叢書 5］

72 **比較文明文化への道**

日本文明の多元性

2005　343-2　四六上製　311頁　￥2800

日本文明は中国のみならずアイヌや琉球を含め，多くの文化的要素を吸収して成立している。その文化的要素を重視して“文明文化”を一語として日本を考える新しい視角

藤川隆男編

73 **白人とは何か？**

ホワイトネス・スタディーズ入門

2005 346-7 四六上製 257頁 ￥2200

近年欧米で急速に拡大している「白人性研究」を日本で初めて本格的に紹介。差別の根源「白人」を人類学者が未開の民族を見るように研究の俎上に載せ，社会的・歴史的な存在である事を解明する多分野17人が協力

W. フライシャー／内山秀夫訳

74 **太平洋戦争にいたる道**

あるアメリカ人記者の見た日本

2006 349-1 四六上製 273頁 ￥2800

昭和初・中期の日本が世界の動乱に巻込まれていくさまを，アメリカ人記者の眼で冷静に見つめる。世界の動きを背景に，日本政府の情勢分析の幼稚とテロリズムを描いて，小社既刊『敵国日本』と対をなす必読日本論

白井洋子

75 **ベトナム戦争のアメリカ**

もう一つのアメリカ史

2006 352-1 四六上製 258頁 ￥2500

「インディアン虐殺」の延長線上にベトナム戦争を位置づけ，さらに，ベトナム戦没者記念碑「黒い壁」とそれを訪れる人々の姿の中にアメリカの歴史の新しい可能性を見る。「植民地時代の先住民研究」専門の著者だからこその視点

L. カッソン／新海邦治訳

76 **図書館の誕生**

古代オリエントからローマへ

2007 ＊356-1 四六上製 222頁 ￥2300

古代の図書館についての最初の包括的研究。紀元前3千年紀の古代オリエントの図書館の誕生から，図書館史の流れを根本的に変えた初期ビザンツ時代まで。碑文，遺跡の中の図書館の遺構，墓碑銘など多様な資料は語る

英国王立国際問題研究所／坂井達朗訳

77 **敗北しつつある大日本帝国**

日本敗戦7ヵ月前の英国王立研究所報告

2007 ＊361-5 四六上製 253頁 ￥2700

対日戦略の一環として準備された日本分析。極東の後進国日本が世界経済・政治の中に進出，ファシズムの波にのって戦争を遂行する様を冷静に判断。日本文化社会の理解は，戦中にも拘わらず的確で大英帝国の底力を見る

史学会編

78 **歴史の風**

2007 ＊369-1 四六上製 295頁 ￥2800

『史学雑誌』連載の歴史研究者によるエッセー「コラム 歴史の風」を1巻に編集。1996年の第1回「歴史学雑誌に未来から風が吹く」（樺山紘一）から昨2006年末の「日本の歴史学はどこに向かうのか」（三谷 博）まで11年間55篇を収載

青木 健

79 **ゾロアスター教史**

古代アーリア・中世ペルシア・現代インド

2008 ＊374-5 四六上製 308頁 ￥2800

本邦初の書下ろし。謎の多い古代アーリア人の宗教，サーサーン朝国教としての全盛期，ムスリム支配後のインドで復活，現代まで。世界諸宗教への影響，ペルシア語文献の解読，ソグドや中国の最新研究成果が注目される

城戸 毅

80 **百 年 戦 争**

中世末期の英仏関係

2010 ＊379-0 四六上製 373頁 ￥3000

今まで我が国にまとまった研究もなく，欧米における理解からずれていたこのテーマ。英仏関係及びフランスの領邦君主諸侯間の関係を通して，戦争の前史から結末までを描いた，本邦初の本格的百年戦争の全体像